Cultural Memory:
Resistance, Faith, and Identity

历史与理论译丛

陈启能 主编

文化记忆

抵抗、信仰与身份

〔美〕 珍妮特·罗德里格斯
　　　　特德·福蒂尔 著

李娟 译

商务印书馆
创于1897　The Commercial Press

Jeanette Rodríguez and Ted Fortier

CULTURAL MEMORY

Resistance, Faith, and Identity

© 2007 by the University of Texas Press

根据得克萨斯大学出版社 2007 年版译出

编者的话

我们现在奉献在读者面前的这套丛书有什么特色呢？如今在坊间已有不少历史类丛书的情况下，为什么还要编辑出版这套丛书呢？

我们这套丛书，取名"历史与理论译丛"，就是想兼顾历史学与史学理论两方面的内容。具体说来，它包含以下这些内容和特色。

第一，从时间上说，本丛书选取自兰克以降直至当今的有关内容。

第二，选取的内容主要是反映历史学各种流派、趋势、研究方向、理论和方法的学者们的代表作，以及研究、分析上述内容的有影响的著作。

第三，本丛书只包含译作。

第四，所选取的原作主要是西方各国的著作，但也选取若干非西方国家的有关著作，如俄国、东方国家、拉丁美洲等等。

第五，作为例外，个别超越上述范围但又确有较大影响的著作也可酌情选入。

除了内容方面的精心选择外，我们工作的另一重点是努力确保每一部译著的高质量。我们会努力邀请那些外语水平高并熟悉专业的译者来进行翻译。我们的原则是:除个别著作外,尽量从原著所使用的语言进行翻译,避免从另一语言转译。

我们深知,任何一种丛书的成功,除了编者、著译者和出版方面的条件外,更重要的是广大读者的欢迎和支持。我们真诚地希望,广大读者能喜欢这套丛书、支持这套丛书,能和我们一起想方设法把这套丛书做好。为此,我们不仅希望广大读者把你们的意见、批评及时反馈给我们,同时希望把你们的建议、想法及时告诉我们,把你们了解的值得推荐、翻译的新书信息转达我们。我们深信,有了你们的支持,这套丛书必然会越办越好。

献给所有先行者，你们为了民族生存而投身于
充满信仰的斗争和抵抗，你们所做的一切仍在
引领我们走向智慧与和平。

目　录

前言：源于经验的问题

　　本书源于两位作者的对话，一位是长期关注不同土著群体的文化人类学家，另一位是对拉丁美洲不同信仰群体颇有研究，同时也支持解放神学的神学家。如何界定和描述文化记忆，这是我们一直在努力思考的问题。我们尤其关注的是，文化记忆是如何发挥作用的？在那些为了生存而斗争的边缘群体中它是如何传承下去的？我们理解记忆和叙事的作用与两段特别重要的经验密切相关。本书作者之一珍妮特·罗德里格斯（Jeanette Rodríguez）对文化记忆的兴趣源于她发现自己有犹太血统。她写道：

　　　　我当时在纽约一所大学学习宗教和哲学，学校里80%的学生是犹太人。我来自一个移民纽约的拉丁族裔家庭，从出生起就是罗马天主教徒。1952年，父母就带着哥哥们从厄瓜多尔移民到美国。由于从小说两种语言，在双重文化环境中长大，记忆里我的生活时刻处于某种张力之中，这种张力不仅能激发我的创造力，也让我觉得身份难以归属，甚至成为别人的对立面。不过，这是一段特别的日子，因为思考宗教及其在20世纪的意义让我经历了激烈的内心冲突。

平复这种焦虑的关键在于我对大屠杀的了解以及由此产生的感触。我觉得,任何人性尚存的人都会对上百万妇女、男子和儿童被屠杀而心生愤懑。然而周围许多人——当然还有我们身处其中的美国文化——似乎对这场悲剧性的灾难无动于衷。那时我还年轻,内心充满激愤,认定这样的灾难"绝不该重演"。在家中,我试图让自己平静下来。

有一天和家人一起吃晚餐时,我和父亲在讨论为什么大屠杀让我如此"难以释怀"。我认为或许是因为我认同这个群体,他们始终在追寻他们的上帝,坚守自己的文化。交谈中看我越来越激动,母亲扭头对父亲说:"血里的东西是抹不掉的,是时候告诉她了。"

然后,父亲开始讲起自己的身世,告诉我,他的家族有犹太血统。他讲述祖辈的故事时很动情,措辞也很小心。听着父亲的讲述,对我而言,一些往事可以说得通了:为什么父亲每逢周日把我们送进教堂就走了,我原本以为所有拉丁裔美国人都是这样;为什么读高中时我会在他抽屉里发现圆顶小帽(严守教规的犹太人戴的无檐帽)——他解释说参加公司犹太上司的礼拜仪式会用得上;为什么我们在拉美的堂兄弟都要戴圆顶小帽——我去做客时就总觉得奇怪;即使有时候他和我们一起进了教堂,祈祷时也是心不在焉。当埋藏的家史在我面前揭开,一切便说得通了,我觉得内心平静下来。

还有一段来自另一位作者——文化人类学家特德·福蒂尔(Ted Fortier)——的采访经历。这个能深刻体现文化记忆本质的故事后来成为他展开博士论文研究的契机。当时他在美国西部哥伦比亚高原的印第安人中进行田野考察，对印第安人与他们祖先的生活方式和人生智慧之间的深刻联系颇有感触。受两百多年的传教活动、政府的文化渗透，以及西方思想不断侵入的影响，印第安人的生活发生很大变化，但他们作为"印第安人"的核心身份并未磨灭。他们的生活仍旧充满各种仪式活动，传承着祖辈传下来的故事，也从来没有放弃抵抗欧洲中心主义的霸权观念。发生在科达伦（Coeur d'Alene)保留地的这个故事就是他们保有这些观念的明显例证：

　　　　"我不喜欢人类学家。我讨厌他们做的事，总是要把过去的事翻个底朝天。那些事都过去了，不见了。全都结束了。翻出来对任何人都没有好处。当时是很难过，但现在我们都还活着呀。现在我们都好了。"

　　　　玛丽亚把目光从我身上移开，望向窗外，看着田野那边部落里的新学校。山上更高处还有一座老修女院，那是玛丽亚和几代印第安女孩念书的寄宿学校。玛丽亚甩了甩肩上的长发，叹了口气。她的眼里闪着泪光。

　　　　"我跟你说吧。"玛丽亚抹了一下眼睛，转过头来看着我。

　　　　"四五年前，那个人类学家——我忘了他叫什么来着——哦，博士，在大学工作的——打电话叫我们去，说是去取祖先的遗骨。阿贝、克莱姆和我就去了莫斯科*。

　　　　"到了一个旧房子里面，博士在办公室见了我们，带我们

_____

　　*　美国爱达荷州的一个城镇。——译者

3

下楼。太冷了,我不知道那是什么地方。很冷,我不知道为什么这么冷,后来我明白了。我压根儿就不喜欢那儿。

"我们来到一个大房间里,里面满是架子和箱子,他取下一个箱子直接递给克莱姆。他就那么直接地把这个大纸箱拽下来,里面盛放着我们祖先的遗骨,然后递给我们!就那么递过来!就那样!我真不敢相信,气得哭了,心里很难过。不过我们还是接了过来,把遗骨包在随身带来的生牛皮(parfleche)里面。"

后来克莱姆说,"我们唱安魂谣吧。"但我张不开嘴,在那儿没法唱,我哭得都噎住了。克莱姆说没事儿,我们去别的地方。于是那家伙领我们去了楼上一个有窗户的房间,让我们独自待着。我告诉克莱姆和阿贝我没法唱,在那儿不行。我实在太难受了。可克莱姆说我们必须唱,会没事的。于是我们就唱了。后来我们回到迪斯梅特。

我们回到迪斯梅特,把祖先带到教堂,不,嗯,是带到神父家的小教堂里,供在祭坛旁边。过了一个星期,我们觉得准备妥当了,就搭大篷车上山去。可还是很难过啊,我一路上都在哭。我们把祖先的遗骨埋在山上,又唱了安魂谣。

这个故事以一种很微妙的方式反映了西方现代主义哲学传统的局限性——以二元对立的观念来看待社会-文化结构,而这是很容易被科达伦印第安人的思想观念弥合的。在二元对立的观念中,一个人或者是基督徒,或者不是;或者是印第安人,或者不是,诸如此类。在受到基督教文化影响之前,科达伦印第安人秉持的是一种

4

前现代的哲学观念,以整体观念来看待一切事物。这是一种一贯的观念,无论过去还是现在,科达伦印第安人认为自己既可以是勇士,也可以是神圣和平的守护者;创造世界的不仅是某位中东的神灵,也可以是自己的祖先。供奉神灵的地方不仅可以在山上的教堂里,也可以在开阔的湖面和森林山川中。对玛丽亚和她的家人而言,科达伦印第安人的身份就是一条文化纽带,将过去、现在和将来的族人联系在一起。

　　前面的第一段经历和这个科达伦印第安人的故事相比有几点重要的不同。在罗德里格斯家族中,文化记忆是作者对过去潜藏在她意识中的文化/宗教记忆的偶然揭示。理解这种文化记忆的关键在于,在她的个人经历中已经存在一种本能的需要去揭示隐藏在过往中的"他者性"(otherness)。这种自我发现揭开了"我是谁"这个问题中"隐藏的他者性",使她以一种前所未有的新的方式来重新想象自己的过去、文化和传承,证明自我的存在。揭开家史的那一刻她表现出的释然,其实就是一种自我发现。

　　对个人经历的反思无疑具有强大力量,其独特之处在于能引发思考、提出疑问并得出某些深刻的见解。遭遇的危机越是深刻,与文化记忆和祖辈的联系就越是紧密。联结个人记忆和集体记忆的可能是某个词、某个形象、某个人,或者其他特殊、具体的东西,它们激发了个体意识中的他者性,引起个体的关注。这种他者性就是文化记忆,是我们的过去在召唤我们,或者更确切地说,将我们吸纳为它的一部分。有了这样的经历,我们看待现实世界的方式就发生了变化,也就是说,我们的生活因此获得意义,我们的存在得到确认。简而言之,这种不同的看待事物的方式不仅意味着我们的身份是由经验中的他者性赋予的,同时也是我们存在的理由。

在集体记忆中则不存在上文所说的几个要素。集体层面的文化记忆存在于我们的歌曲、仪式、庆典、故事或其他中介物之中,只是在那里等待被发现。个人层面和集体层面的文化记忆区别在于:我们通过危机发现个人的文化记忆,通过歌曲、仪式、庆典和其他中介形式发现集体文化记忆。在个人层面,文化记忆的他者性隐藏在我们之中,在集体层面,它就在那里向我们敞开着。

xiii

在福蒂尔的访谈中,科达伦印第安人的故事是以玛丽亚的个人视角讲述的,她对那个亵渎祖先遗骨的"在大学工作的人类学家"怀有敌意,说明她并不喜欢这个白人和他那被视为压迫工具的研究机构。正如故事里说,这取决于阿贝、克莱姆和玛丽亚想去"找回"祖先的遗骨,眼看着某个无名的人类学家把祖先的遗骨放进"纸箱",这种无礼的对待——严重地漠视遗骨的主人也曾有过鲜活的生命——让印第安人感到震惊和屈辱。当遗骨还在大学的办公楼时,玛丽亚无法用歌声来凭吊祖先,但克莱姆和阿贝说服了她,通过吟唱安魂谣,他们召回了关于祖先的文化记忆。之后,他们回到迪斯梅特。

最后,以仪式和庆典为中介,安葬遗骨成为公共事件。在遗骨被送往教堂,举行适当的仪式和祈祷后,再由车队送到山上安葬。科达伦印第安人的故事呈现的就是一种集体文化记忆。

类似于马克思主义对经济基础(个人层面)和上层建筑(集体层面)的分析,文化记忆的结构也有两个层次。随着时间的推移,经济基础本身发生调整、适应和变化,有时甚至是根本性的转变。而上层建筑中的思想、价值观和意识形态是依靠具体的物质基础存在的。例如，中世纪封建君主制中的王公贵族逐渐被民族国家中的总统、首相和其他领导人所取代。因此，随着经济基础的改变，上层建筑也会发生变化。文化记忆中个人和集体层面的关系也是如此。

不过，话虽如此，我们还是必须加上一个重要的限定条件。经济基础虽然会随时代变化（或对个人而言，随着代际更替而变化），但仍保留了某些恒定的东西。例如，我们已经不再生活在以工业化为基础的时代，而是步入信息时代。工业化时代统领国家的总统和首相会逐渐被淘汰，不效忠于任何国家的跨国公司正变得比这些国家本身更强大。大公司的巨头们甚至能左右外交政策。即使在美国， xiv 政府官员和公司董事会成员也存在跨界任职的情况，一旦新政府上台，他们就有可能变换身份。因此这里要强调的是，即使生活在信息时代，飞速的变化也不会使封建经济基础上的某些上层建筑（集体记忆）过时；如今王公贵族的头衔已经非常不合时宜，却仍然存在。文化记忆也是如此。今天的人们与五百年前的人们已经不同，但他们的文化记忆仍然活在我们的集体记忆中。

7

致　谢

　　这份书稿凝聚了很多人的辛勤劳作、慷慨帮助和深刻思考。首先，我们必须要感谢那些不同族群的人们，让我们得以进入他们的神圣空间，见证和分享他们的文化的意义。感谢向我们介绍瓜达卢佩（Guadalupe）圣母崇拜的墨西哥裔友人，也感谢让我们有机会亲历他们本族人留存下来的各项习俗、仪式，并邀请我们加入祈祷的雅基人（Yaqui）朋友。感谢萨尔瓦多（El Salvador）当地的同胞，还有那些献身于殉道者和穷人教会的人，因为他们传播了这一古老的真理，让穷人得以领受上帝的启示，获得人类的智慧。我们还要感谢墨西哥恰帕斯州的策尔塔尔人（Tzeltal）和巴差戎（Bachajón）耶稣会，他们热情好客，充满力量，将天主教的传统智慧巧妙地融入对现实的反抗之中。

　　这项研究离不开多年来的田野调查和实地考察。因此，我们要感谢以下基金会和机构的鼓励及经费支持：利利神学研究基金、神学院协会、路易斯维尔美洲宗教研究所、西雅图大学研究基金、圣路易斯大学梅隆基金会、耶稣会宣教基金，以及西雅图大学神学与事工研究生院。感谢我们的部门及同事沙龙·卡拉汉、珍妮·伯威克、米里娅姆·戈林鲍姆、胡安·阿尔瓦雷斯和莫莉·富米亚,谢谢你们阅读这份书稿,指出错漏,向我们反馈意见和编辑建议。感谢我们非常得力的研究助理凯蒂·瓦特、克里斯蒂娜·斯温森和马拉·巴克利协助查找资料并整理数百小时的录音带内容。同时,特别感谢神学与宗教学系行政助理劳伦·圣皮埃尔对这一研究项目的大力支持;感谢国际问题研究中心的罗斯·兹比金协助制作本书的索引。最后,我们还要特别感谢南希·沃林顿细致核查了书稿中的编辑细节,并提供宝贵意见。

导　论

1　　为了生存，人类最重要的适应行为就是创造和延续文化。正如本书论证的，人类的不同文化之所以能在无数逆境中生存下来，是因为具有诠释、适应或抵制更"强大"的霸权文化的能力。物种生存的关键是其迅速适应环境的能力，人类的不同族群能以独特的形态存活下来也正是因为具有文化适应性——传承前人长期积累的智慧，找到应对不同生存困境的办法。这种文化活力的奥秘和核心在于记忆。

　　记忆是一种记住的能力，是建构和重构过去的能力。"文化记忆"是由考古学家扬·阿斯曼[1]最先在考古学领域引入的概念，他将其界定为"人类记忆的外在维度"[2]，其中包括两个概念即"回忆文化"（Erinnerungskultur）和"对过去的指涉"（Vergangenheitsbezug）。通过回忆文化，我们的社会才得以确保在文化上保持连续性，借助文化记忆术，集体知识才能一代代流传下去，使后人能够重构他们的文化认同。[3]在讨论文化记忆时，我们特别关注两个问题：（1）边缘群体在历史、政治和社会维度的生存状况；（2）思想观念作为一种抵抗形式所起到的作用。

　　如何界定文化，这取决于如何理解人类的一系列独特创造，包括语言、政治组织、仪式和庆典等。在思想观念上,历史上被边缘化的群体也有其他方式抵抗那些占统治地位并试图毁灭他们的文化势力。这些边缘化群体在历史上不得不为自己而战,进而在这个世界上争取一席之地。对墨西哥裔美国人、雅基人、穷人和策尔塔尔人而言,终其一生都身处寻求落脚之处的斗争,即证明自己的存在,证明自己不仅有权在主流文化之外生存下去,而且有权在这个将其边缘化的全球化世界中蓬勃发展。

2

被边缘化、受到威胁的文化群体到哪里去寻找容身之所?所谓"容身之所",可以指群体、景观和思想观念。比如,在受人尊敬的群体中获得自我认同,与他人相互扶助;对某个地方及其历史产生精神依恋;对共同的信仰怀有敬畏和好奇。我们认为,边缘群体对身份的寻求与宗教意识密不可分。宗教意识是一种以经验为基础的精神观念,是人类为生存和繁衍而发展出来的独特观念。因此,我们将结合四个代表不同文化的案例,在不同维度上展示:通过将精神信仰与族群身份融合在一起,宗教意识是如何成为人们的抵抗途径的。书中涉及的四例个案分别是:瓜达卢佩圣母崇拜现象、雅基印第安人的秘密仪式、殉难的萨尔瓦多大主教奥斯卡·罗梅罗(Oscar Romero)的记忆叙事的演变、墨西哥恰帕斯的策尔塔尔人的文化融合。我们认为,通过解读宗教信仰这一具有情感容载性的(emotion-laden)文化模式,我们可以更好地理解记忆何以成为当今世界抵制同化的强大根源。

人类学家发现,在距今五万多年前最早的智人——甚至十万多年前已经灭绝的尼安德特人——的文化遗迹中显示出一种共性,即对宗教经验的敏感。宗教经验是对人类世俗经验的力量或世界的信仰超越。考古证据表明,在早期文化中我们的祖先已经意识到他们生活的世界并不是唯一的。在凭借日常经验可以感知的物质世界之外还存在另一种力量或另一个世界。我们通过墓穴的遗迹、方位、壁画、雕像等很容易体会到这种信仰的存在。这些象征性元素代表对生命的敬畏、对彼世的想象,以及对人和宇宙间通灵力量的崇敬,正是这些促使我们思考:人们的日常生活和宗教经验有什么不同?

这些反映古人死亡和丧葬习俗的考古证据可以帮助我们理解日常生活中象征意义的连续性。众生皆有一死,死是人世间存在的普遍经验。然而,正是那些对普遍现象的诠释使之具有了宗教现象学意义。人类一直在创造和使用象征,用以诠释人的存在的方方面面。在这一过程中,情感因素也很重要。也就是说,对于那些不仅存在于此生此世、还在后世仍具有意义和记忆的生活事件,我们如何以某种具有情感容载性的模式去进行解读?充满象征性并不断重复的仪式活动就是一种最典型的赋予生活事件情感体验的过程。

因此,我们会发现,无论男女老幼,古墓遗址里总会有一些与他们的生命经历相关的随葬品:食物、工具、宠物或其他物品。遗体按东西朝向安放,代表太阳东升西落,也代表人的出生、死亡和重生。古代文化中的土葬习俗通常与农耕播种的观念相关,认为人葬在土里来世才能重生。另外,将红赭石视为血和生命的象征也属于类似的丧葬习俗。

因此,从一个普通事件——肉身的死亡——中就可以窥见某个民族区别于其他民族的世界观。在一定程度上,个体存在的意义可以代表整个群体的价值和意义。但还有些问题是人的普遍经验无法解答的。例如,人死以后,生命力去了哪里?通过观察自然,人们能感受到生命的循环更迭,植物每年会发芽生长,又会在某个时间点枯萎死亡。人的特殊之处就在于能够将这些普通经验转化为敬畏、惊叹和尊重,使其成为族群的生命力,进而把这些代代相传的意义内化到文化结构之中。

宗教的功能之一是回答世界如何产生、人类与世界的关系等基本问题,试图为生活中的一切给出本质性的解释。为什么这样?为什么那样?宗教试图对最玄奥的问题给出答案。当我们试图赋予每件事意义时,宗教使我们的存在本身变得有意义,它约束了道德秩序,由此也维持了一个民族的社会秩序。无论一神信仰还是多神信仰,通过使我们与祖先的神灵相通,宗教确认了我们的存在。它联结了此时此地与来生来世。它增强了我们人类理解全部经验——如死亡、疾病、饥荒、出生或苦难——的能力,使我们共同的生命体验变得更有意义。在这一过程中,宗教增强了人的凝聚力。一个族群如何看待世界,为什么会确立某种价值观,产生某种情绪,做某种行为和选择,都表现在其宗教经验中。

因此,关乎人类生存的文化再生产不仅是生物学上的代际繁衍,更是一种意识形态的建构。对集体记忆和历史身份认同的研究表明,语言、宗教习俗和日常生活方式等因素对保持人们的文化身份和文化生存至关重要。[4]

"血里的东西是抹不掉的"是一种描述或隐喻,血是人生命的载体,也是他与祖辈相连接的纽带。作为生命之源的血代表着人们对族群在情感上、直觉上的联结,无须患得患失,无关是非对错。血还代表真理,这个真理需得到"领会",不需要外界的肯定或确认;

4

它呈现在叙事、仪式戏剧和庆典之中。

在本书中,文化记忆(也可以看作一种血对血的召唤,一种对真理的召唤)是一种记忆的建构要素。以美洲四个不同的文化群体为案例,我们将界定并解释这些要素,考察文化记忆的四个不同方面:形象、秘密、叙事和融合性。对各个案例的分析均有所侧重,分别关注记忆如何(1)解放受压迫者;(2)为记忆的传递提供媒介;(3)传达代际间的情感;(4)促使某个民族同心同德。

在考察这些文化现象时,我们会以小节的形式来展示和分析其内容、传播方式、影响源流,包括考察这些记忆的代际传递。我们将通过以下案例探讨文化记忆的四个方面:墨西哥裔美国人社区及其对瓜达卢佩圣母崇拜的热衷、雅基人及其秘密和仪式对维护其文化身份的作用、关于圣萨尔瓦多大主教奥斯卡·罗梅罗的文化记忆在穷人教会和殉道者中不断演化,以及墨西哥恰帕斯州信奉天主教的策尔塔尔玛雅人的文化融合行为。

为什么记忆会有如此强大的力量,足以让一个民族即使在经历几近种族灭绝的杀戮之后还能幸存下来?对犹太人而言,记忆是生存的关键,长久以来,他们的身份一直与压迫和抵抗联系在一起。《出埃及记》记述了犹太人重要的民族记忆,对犹太人的身份认同具有启示意义。埃利·威塞尔(Elie Wiesel)说过,勇于反思的基督徒应该明白,在奥斯维辛遇难的不是犹太人,而是基督教。[5]奥斯维辛之后,犹太人的神学问题就不仅是"上帝何在?"还要追问"人性何在?"天主教神学家约翰·巴普蒂斯特·梅茨(Johann Baptist Metz)也赞同这一观点,他说记忆的激情是唯一"向我们敞开的人性的普遍范畴……我并不认为记忆只是用来确认我们和确保我们的身份的——恰恰相反，它对我们牢牢守护不敢示人的身份提出了质疑。这是一种'危险'的记忆……这种记忆让我们没有因为灾难而满腔恨意，而是学会反思其他人的苦难。"[6]这段共同记忆里不仅铭刻着人性尤其是基督教人性的沉沦，也象征着所有犹太人的生存受到的威胁。

作为一种文化记忆，瓜达卢佩圣母无疑是墨西哥裔美国人最重要的精神和文化象征。本书作者珍妮特·罗德里格斯的早期研究关注的是瓜达卢佩圣母的记忆如何在民族文化中以有意识或无意识的方式流传，并最终融入他们的价值观。对墨西哥裔美国人来说，信奉瓜达卢佩圣母体现了他们对本民族价值观的认同，是对他们自身文化和传统的积极肯定，这一信仰强化了他们的族群公共意识。

我们的同事胡安·阿尔瓦雷斯（Juan Alvarez）是一位纳瓦特尔裔学者，在他看来，墨西哥裔美国人不会去思考瓜达卢佩圣母的意义，就像我们不会去思考血管里流动的血一样，因为那是与生俱来的。只有某种充满挫败感的危机才会触发真正的"思考"，平时人们是根本不会去"思考"的。恩里克·杜塞尔（Enrique Dussel）曾经说过：

如果不经历危机，人们根本不可能去思考这些问题：我存在于何处？我如何存在？许多人可能一辈子都没有经历过任何危机。然而，危机是思考的必要条件，危机越彻底、越严重，人们才越有可能真正地思考。"危机"的希腊语词根是动词 *krinein*，意为"评判"，但后来衍生出来的意思却让它偏离了原义。[7]

雅基人代表着一种文化,即五百年来,他们历经各种征服、奴役、宗教和民间迫害,尽管这种力量摧毁了许多其他土著文化,但雅基人的文化却仍然得以生存,并保持着生机。雅基人强大的凝聚力来自他们大量的秘密社团和仪式,这些社团和仪式具有很强的适应力,没有被现代文化或耶稣会士的努力所颠覆。雅基人让我们看到了一种文化机制上的智慧:不抗拒文化适应,但同时严守家族内部的仪式制度以保持族群身份。雅基文化的特点是本族思想观念的影响无所不在,而思想观念便是基于我们所说的文化记忆。

关于殉难的萨尔瓦多大主教奥斯卡·罗梅罗的记忆仍在人们的脑海中浮现。虽然关于罗梅罗的记忆与中美洲的地缘政治因素和当时的抵抗运动背景密切相关,但也牵涉到一个重要话题——信仰,尤其是罗马天主教的传统信仰。人们对罗梅罗的记忆越来越多地引发人们对抵抗的思考和感受,以及对其他神父、修女和世俗民众的悼念,因为他们和罗梅罗一样由于和被压迫者站在同一条战线而遭杀害。更具体地说,罗梅罗的故事唤起了人们对穷人教会和殉道者的记忆。信奉天主教的策尔塔尔玛雅人也提供了一个当代文化融合的典型案例。

我们选择这四个案例是因为它们本身都有重要的研究价值,而且每一个都体现了文化记忆在地理、政治或宗教群体中的独特意义。我们无意于进行一般的比较分析,而是试图探索以下问题:文化记忆是如何维持集体信念,保持文化独特性的?在面对不公正待遇时它又是如何激发民族尊严,促使人们进行反抗的?

　　本研究采用的方法有历史研究、现场考察、结构化访谈及随机访谈等,旨在融合文化人类学家福蒂尔在民族志领域的专长和解放神学家罗德里格斯在分析诠释方面的专长。对我们来说,这本书既是一个描述现实生活中关于信仰和身份的文化文本,也是对这一文化文本本身的诠释,旨在就文化记忆问题展开积极的论述。正如我们在接下来的章节中阐述的那样,以具有反思性的民族志呈现,以历史语境化的叙述及神学诠释为联结点,下文的四个激动人心的案例都关乎在当今全球化背景下不同文化的生存经历,以及它们如何为了保持文化独特性而进行抵抗和积极协商。

第一章

文化记忆的概念 7

扎根也许是人类灵魂最重要也是最为人所忽视的一项需求。

——西蒙娜·薇依《扎根》

如何记住过去的事情对我们的行为和生活方式有着深远影响。个人记忆是支撑集体记忆或社会记忆的基石，但不能忽视社会因素对记忆的影响。我们的宗教、阶级和家庭关系都是认知和情感相互协商的结果，也决定了我们如何理解记忆。

因此，民族的记忆在历史、社会和政治背景下延续。任何文化都必须依靠群体的力量才能有所选择地将传统延续下去——有时人们甚至没有意识到自己在延续传统。在某些情况下，记忆带有明显的政治意味，需要加以分析——这可能是从政治维度来理解记忆时最重要的方面。[1]就文化记忆而言，我们认为人人都是记忆的载体，记忆本身也是载体。传承记忆的方式之一是叙事。叙事强调的是人类思维的主动性和自我塑造的特征，具有创造、形成、改造和重塑身份的强大能力。叙事的这些特征恰恰以不同形式体现在下文我们讨论的案例之中，因而对我们的研究有所帮助。

尽管难以界定,但叙事无疑具有超越主体的真理价值。总之,我们建议,人文科学中的叙事(故事)不妨界定为:针对特定的听众,以清晰的顺序即一种有意义的方式将事件联系在一起的话语,使人们从中获得关于世界和/或人们关于世界的经验的深刻理解。[2]

8 正如上文中学者欣奇曼夫妇(Lewis and Sandra Hinchman)所言,记忆始终是叙事的源泉。无论作为个人还是群体中的一员,我们此刻都受到对过去的回忆和对未来的预期的深刻影响。通过叙事,我们才能系统、完整地呈现文化对现实的理解。[3]

近年来社会学研究对不同年龄阶段的人进行考察,证明塑型经历对人的一生具有重要意义。在心理学、人类学和神学领域已经达成共识,认为人的现在是由对过去的回忆和对未来的预期共同塑造的,无可更改。正是记忆帮助我们获得意义、寻找方向、形成道德观念。[4]没有记忆,我们的生命历程将变得支离破碎。

不过,记忆只是经验的形态之一,和其他形态一起成为连接现在和未来的手段。同样有必要强调的是,我们的记忆方式、我们对未来的预期,以及我们的感知方式在很大程度上都受到社会的影响。我们对思想观念如何通过叙事来传递的兴趣主要源于个人与群体之间的关联,即个人的独特意识是如何被传达给整个群体同时又受到群体影响的。罗兰·巴特(Roland Barthes)认为:"一个没有叙事的民族不存在,也从未存在过。"[5]欣奇曼夫妇则更进一步指出,"因此,群体是通过叙事建构起来的。通过叙事,群体得以自我界定,为自己的行为和需求找到合法依据,为别人理解本群体的文化认同提供了重要准则"[6]。

在很多人看来，人类学中的经典民族志是一种颇为科学的研究，以西方文化为准则对特定文化展开缩影式的探究。在政府机构的大力资助下，美国人类学越来越流行"抢救民族志"，力图挽救正在迅速消失的过去。然而，他们对于这些历史对现在和将来产生的影响却不怎么关注。在这类民族志文本中，在地人群的声音被破坏了，很多时候成了民俗学家在讲故事。[7]我们的研究旨在反思在抵抗文化湮灭、确保文化生存的过程中，叙事、仪式、历史和集体记忆是如何发挥作用的。

文化是一种社会结构，只有通过它，我们才能理解什么是传统，包括民族情感、行为方式、语言形式、倾向、人际关系、形象、思想和理想；传统是我们理解民族文化的途径，同时也是研究对象本身。例如舒衡哲（Vera Schwarcz）注意到在希伯来语中"传统"（Masoret）是指集体记忆在传递过程中产生的影响。除了作为名词，"传统"还可以用作动词（to transmit），动词词根源于阿卡德语中的*musaru*，包含两层意思：一是抓住某物；一是放开某物使之自由。[8] [9]因此，传统包含很多内容：教义、故事、神话、信条、符号、经验，以及日常的道德判断。在这一层面上，文化记忆成为传统的另一种载体。

> ……永远不要抗拒记忆。即便是痛苦的记忆也不无裨益：它能给你教益，丰富你的人生。从根本上而言，没有记忆的文化还是文化吗？没有记忆的哲学还是哲学吗？爱还是爱吗？人的生活不能没有记忆。没有记忆，即不存在。[9]

传统与文化记忆

传统以世代相传的方式传承着文化的意义。传统不仅承载着民族的个人经历,也承载着民族的集体经历:对这些经历直接或间接的理解、神话、故事、情感——任何将人类潜能具体呈现出来的东西。正如查尔斯·戴维斯(Charles Davis)所说:

> 传统是回应现实的一种方式,包括情感、记忆、形象、观念、态度、人际关系:简而言之,这个特定世界包含了塑造我们生活中复杂的方方面面,其中对现实的特殊感受无处不在并决定了它的边界。[10]

传统也有两个不同的部分:(1)过程(*traditio*),即具体行为,和(2)结果(*traditium*)即内容。换句话说,传统可以被看作分词(remembering),也可以看作名词(remembrance或memory)。"记忆是一种独特的行为。如果使用得当,记忆甚至可以在困境中赋予人勇气。"[11]事实上,作为过程和结果的传统是不可分割的,如同一枚硬币的两面。

文化记忆也有两个相同的要素:作为过程的文化记忆和作为结果的文化记忆。文化记忆的一面是作为过程的传统。是谁的记忆?一个民族、一个社会、一种承载着记忆的文化。如何记忆?被铭记在回忆之中,寄托在庆典之中,经由口头传承,记录在文字中,或由神圣之所展示。同时,文化记忆的另一面是作为结果的传统。

记住了什么？记忆产生了什么影响？唤起了什么？具体表现是什
么？那些被铭记或唤起之物包括心理感受或情感活动、行为模式、
语言形式、思想倾向、人际关系、形象、观念、理想，等等。记忆包含
了以上要素，甚至更多（表1.1）。不同的文化传统反映了不同的神
学观念，这一点查尔斯·戴维斯已经论证得非常清晰。

表1.1　传统：文化记忆传递的内容和方式

传统的过程		传统的结果
过程（分词=Remembering）		内容（名词=Rememberance）
谁记住	如何记住	影响
民族 社会 文化	记忆 庆典 口头传承 文字记载	情感，偏见 行为模式 语言形式 倾向 人际关系 形象、观念、理想

从表1.1中可以看到文化的动力学意义，以及文化在代际间传
承的方式。当记忆成为群体认同和意义来源，成为充满创造性和情
感寄托的过程本身，它作为生存机制的重要性便由此显露出来。记
忆是人类与生俱来的创造，以独特的方式解释了文化是如何自我构
建并反映现实的，是如何将重要的观念代代相传的。其中的关键又
在于，记忆的内容需要借助语言来叙述，通过语言，记忆在获取信息
的同时才能表达情感的温度。正如我们下文讨论的，从本质上而言，
人类的知识都是经由情感结构精细过滤的结果。

理解文化记忆

文化记忆与历史记忆和神话有相似之处。正如卡尔·贝克尔（Carl Becker）指出的："历史是对说过和做过的事情的记忆。"[12] 作为被建构的产物，历史部分源于亲历者的描述，部分源于记载事件参与者记忆的原始档案。但我们坚持认为，历史记忆是在特定世界观影响下对文化相关"事实"的重新建构。例如，米歇尔·福柯（Michel Foucault）提醒我们警惕那些受历史进程影响却往往伪装成"事实"的东西，并需要解构它们。因此，我们会把在下文各章中出现的案例置于这些群体所处的历史背景中加以讨论。

和历史记忆一样，文化记忆也根植于现实事件，受环境影响，并表现为一系列图像、符号和情感的复合结构，甚至比"事实"更具说服力。各种各样的历史记忆以文本、口述史、传说、戏剧和回忆的形式来传播。在赫伯特·赫希（Herbert Hirsch）看来，这些记忆不一定是有序的或线性的：

> 为了从兰格所谓的"记忆的废墟"上重建我们的历史……我们应该意识到这样一个事实，所谓记忆，部分源于我们能记起的那些经验，部分源于我们听过的某个作为家族或族群神话的事件，部分地由脑海中残留的家族事件的影像重新组合。历史学家和哲学家都认为，个人的回忆体现的既是个人的过去也是集体的过去。它试图将人类记忆中的事件进行

编年史式的排列。历史是由一系列社会力量推动的，包括经济、宗教和制度，而政治、技术、意识形态和军事又起到主要作用。历史学家以书写历史的方式来创造记忆，而我在书写记忆的时候也是在建构一种对记忆和历史的思考方式，由此形成分析和解释某些现象的范式和思维方式。[13]

有时，某些历史记忆具有至关重要的意义，甚至能定义一个民族的本质，成为他们生存的必要条件。典型的例子就是大屠杀事件。朱迪思·米勒（Judith Miller）指出："大屠杀这一事件……它的意义只可能在一点一滴中显示出来——只有我们在某个故事、某段记忆、某个时间与它相遇时，才显示出意义。"[14]对此犹太人会呼喊，"悲剧再也不要重演！"只有大屠杀的历史记忆仍在流传，并保持鲜活，他们的幸存才有意义。在神学家亚伯拉罕·约书亚·赫舍尔（Abraham Joshua Heschel）看来，正是由于不愿意切断记忆的纽带，犹太人的文化精神才能留存至今：

> 为何我们世世代代向往那片神圣的应许之地？因为记忆。这是一条缓慢而寂静的溪流，一条从未被忘却的记忆之流，在真正有所信仰之前，我们就已经被它滋养。信仰就是铭记。我们存在的本质就是记忆，我们生活就是提醒自己不要遗忘，把记住的一切说出来。[15]

文化记忆的力量在于在思想上如何选择某些特定的记忆，并将其铭刻在公众的记忆之中。

27

　　与神话（myth）[16]一样，文化记忆既源于历史现实，也会发生演变。神话是传播具有历史根源事件的有力工具，承载着大量的文化记忆。例如北美神话就是围绕着乔治·华盛顿、美国独立战争及个人主义的文化记忆展开的。我们认为文化记忆的特征之一就是神圣性，这里参考了温迪·多尼格·奥弗莱厄蒂（Wendy Doniger O'Flaherty）对神话或故事的解释：

> 　　神话是由某个民族共享的神圣的故事，其中潜藏着本民族最重要的意义；人们确信，那是一个关于过去某个大事件的故事……因为被世代铭记，这一事件在当下仍有意义；那是一个故事，也是更多故事的一部分。[17]

　　假设故事是神圣的，立刻会让我们思考其中的宗教意义：关于生与死、神灵显现、创造世界、人性、文化、终极意义等。在论及文化记忆时很难将宗教和社会心理学因素从中剥离开来，因为个人领域和公共领域是如此紧密地交织在一起。神话发生演变的特征，也就是文化记忆在形成过程中发生演变的特征。因此，文化记忆传递的是一种根植于历史的经验，这种经验在文化上具有不可撼动的地位，同时又在潜移默化地发生变化。就此而言，瓜达卢佩圣母的神话/故事不仅是一个"伟大的象征……（因为）它寄托着大多数人的希望，以及他们的渴求"[18]，同时也处于变化的过程之中。

　　文化记忆可能起源于某次大灾难。事实上，许多文化记忆往往产生于某些具有变革性的事件，并因此促使一个民族重新认识自己。无论是将特定事件铭刻在文化记忆里，还是帮助人们保持集

13

体身份,文化都通过口头传说、文字记录、图像、仪式和戏剧代代相传。因为它仍旧保持着生命力,并将过去的那些事件不断传承,所以文化记忆总是在图像、符号、情感或事件中得以唤起,他们不囿于过去,至今仍在不断地赋予现在意义。

如何开始

在我们的研究中,以介绍犹太-基督教传统的文化背景来开篇显得特别重要,原因有三:(1)这一传统有着翔实的文献记载和充分的研究基础;(2)几个世纪以来,它一直在被各种不同文化所融合和诠释;(3)它对我们在书中列举的几种文化都产生了巨大影响。无论是希伯来文化还是基督教文化,很多文化都起源于寻求生存的斗争,这为我们提供了丰富的线索,以考察记忆是如何得以建构和塑造,以及如何不失创造性地发挥作用的。此外,或许有人会质疑这种研究方法带有西方文化偏见,但我们也会证明,拥有文化霸权地位的犹太-基督教传统已经被改造甚至被颠覆,不再是看待世界唯一"正确的方式"。基督徒对记忆的关注源自犹太教传统,基督教也像犹太教一样注重记忆,但其记忆的核心集中在道成肉身、死而复生等耶稣故事中。爱德华多·霍纳特(Eduardo Hoornaert)认为,整个历史进程中基督教记忆明显是"败落者、谦卑者、被边缘化和被声讨者的记忆"[19],因此这些历史并没有记录在自视为强大文化的霸权史学传统中,而是蕴含在人们的话语、纪念碑、档案、文件、图像和建筑之中。

　　相反,谦卑的基督徒的记忆是以一种民间文化、口头传说和文化抵抗的方式代代相传的。因此,这种基督教的记忆主要留存在某些群体中。底层群体目前正在努力的重要方向就是恢复这种真正的基督教记忆……基督教的记忆绝不只是个人的记忆……而是集体的记忆……民族的记忆……它界定了一个社会群体的自我意识。[20]

14　　在接下来的章节中,我们将介绍文化记忆的几大要素:

　　1.身份的确立,尤其是与族群概念相关的身份。

　　2.重构过去的能力,以便使当下的存在获得意义。

　　3.文化适应,即人们如何在代际间习得和传承种族身份。

　　4.传递结构,这是记忆的核心行为,也是记忆以形象、叙事、仪式或文化融合等形式得以传递的关键所在。

　　5.义务,即传播本民族价值观,使本民族文化在当今世界保持活力的义务。或者说,为本民族文化培养理想传承者的道德责任感。

　　6.自反性,即将元记忆传达的意义在日常生活中践行的自觉能力。

　　在下文中,我们将讨论上述这些要素是如何融合在某种文化中的。我们试图在历史学-人类学-神学的多重维度上,从形象、叙事、仪式和文化融合四个方面以墨西哥裔美国人、雅基人、萨尔瓦多人和策尔塔尔人的不同案例来阐明:元记忆发挥了何种至关重要的作用,它之后如何成为一个族群的指路明灯同时也是抵抗的途径。这四种"方式"并不是传达以上要素的唯一手段,反而证明了理解记忆和文化现象的复杂性时在方法上的多种可能性。

形象的力量：瓜达卢佩圣母

记述于此。

——《传述录》（*Nican Mopohua*）

　　瓜达卢佩圣母崇拜是一种宗教体验。当代美国墨西哥裔信徒自然不可能亲眼见过圣母，但从他们的虔诚信仰来看，却不可否认那也是一种相遇、一种在场，他们和圣母之间确实心灵相通。这是一个富有生命力的日常事件。即便不是确有其事，瓜达卢佩圣母显灵的故事也是一种原始体验，在集体文化记忆里鲜活如初。很多信徒在家里供奉瓜达卢佩圣母圣像，这就是呈现文化记忆的具体方式。通过不断讲述瓜达卢佩圣母显灵的故事，不断重复虔诚的行为，这个故事成为美国墨西哥裔信徒共同拥有的原始记忆。当人们把这一记忆融合到自己的生命体验中，使之成为个人宗教体验的一部分，在某种程度上关于圣母的记忆就变得更加真实可信，成为一种原始体验。

　　这一文化记忆体现在瓜达卢佩圣母的形象中，也记录在名为《传述录》[1]的纳瓦特尔语文献中。像所有记忆一样，文化记忆也源于生动鲜活的现实。在信徒们讲述的故事中,在对她的纪念祝祷中,在借用她的名字为孩子命名时,在为她准备节庆盛典时,关于瓜达卢佩圣母的记忆始终得到记录和传颂。这种铭记和传颂满足了民众的愿望,也赋予了他们保持自我身份的希望和力量。

瓜达卢佩圣母的故事看起来并不复杂,其间却牵涉到社会政治和文化历史的诸多因由。感谢墨西哥瓜达卢佩·克里斯托·雷伊修道院的本笃会修女们,让我们能从更广阔的层面来解读这个故事。她们的虔诚态度和对穷人现实生活的悲悯恰恰体现了瓜达卢佩圣母形象产生的重要影响。为了帮助读者了解瓜达卢佩圣母的故事,有必要先介绍圣母故事和形象出现的历史背景,始于西班牙人统治墨西哥之前。[2]

历史语境

本笃会修女经常讲述的瓜达卢佩故事始于墨西哥流传广泛的宗教故事。[3]其中都特别提到一段史实:公元前1200年左右奥尔梅克人(Olmec)创造了墨西哥第一个重要文明,后来的墨西哥人都是他们的后裔。由于对该地区其他文化的持续影响力,奥尔梅克人被认为是中美洲文化的源头。通过贸易和宗教,他们对诸如托尔特克人(Toltec)、特奥蒂瓦坎人(Teotihuacans)、玛雅人(Maya)、阿兹特克人(Aztec)及萨波特克人(Zapotec)的文化产生深远影响。12世纪末到13世纪初,七个讲纳瓦特尔语的部落来到墨西哥山谷,其中之一便是阿兹特克部落,他们来自墨西哥西北部一个名为"神秘的阿兹特兰"的地方。阿兹特克人都由大祭司特诺奇

（Tenoch）统领。传说众神告诉特诺奇，跟随他的族人看到约定的标记时——一只嘴里衔着蛇的老鹰栖息在仙人掌上——说明他们已经到达"应许之地"。人们果然在七个湖中间发现了标记，众所周知，这里因此成为墨西哥城的发源地。

蒙特苏马一世统治期间，阿兹特克帝国日益巩固和壮大。1502年蒙特苏马二世继任后，帝国的疆域进一步扩展，北至如今墨西哥境内的锡那罗亚，南至尼加拉瓜，东西横跨大西洋和太平洋海岸。

人们反复讲述瓜达卢佩圣母的故事时唤起的是对那段荣耀历史的向往，也是在追溯由神创造的历史。阿兹特克人在商业、艺术和建筑方面成就斐然。他们在特诺奇蒂特兰主岛上建造了很多宏伟的神庙，多达72所。当时特诺奇蒂特兰岛和特拉特洛尔科岛上约有8万人居住，两座岛由几条陆地堤道和两条沟渠连接。在这两座岛的一个小岛礁上坐落着当时非常繁荣的文化和商业中心特拉特洛尔科。西班牙人征服此地后，它又成为天主教的宗教和教育中心。

除了精于音乐、艺术和建筑，阿兹特克人还有高度发达的宗教。他们信仰羽蛇神（上帝），也信仰其他神，例如伊帕尔尼莫华尼（人们称之为父母）、托纳蒂乌（新太阳神）和奥米特奥特尔（意为与我们同在的圣父圣母）。这些纳瓦特尔文献中频繁出现的名字不仅反映了神与人的关系，也体现了神与宇宙的关系。（通过传颂瓜达卢佩圣母的故事，讲述者也在提醒人们记住祖先创造的辉煌与荣光。）17

从埃尔南·科尔特斯（Hernán Cortés）征服阿兹特克人并请求西班牙国王派遣方济各会到所谓的新西班牙传播福音开始，历史发生剧变。1521年方济各会来到这里，以传教为目的对当地土著人施以暴力压迫。对被征服的当地人来说,他们信奉的神被推翻,离弃了他们。除了死,他们无路可走。这就是瓜达卢佩圣母故事产生的背景。在死亡和毁灭的无边晦暗中,一个代表希望和解放的伟大形象出现了——瓜达卢佩圣母,人们期待已久的第五太阳神之母,新的羽蛇神。瓜达卢佩圣母带着上帝慈母的面容显现于众人面前,给这些受苦的人们带来慰藉和希望。

文本与故事

《传述录》是对纳瓦特尔语口头叙述的记录,其中就包括瓜达卢佩圣母的故事。纳瓦特尔语是一种具有高度象征性的语言,它传达的信息"远远超出语言本身",而且"比印欧语系语言更深刻、更有意义、更丰富、更全面。它是一种简洁的语言,直接、流畅、精确、雅致、响亮、优美、深刻、意味深长,庄严无比"[4]。要理解这部典籍的叙事,最关键的是要先理解纳瓦特尔人的文化象征和神话。纳瓦特尔语有两个重要特点:(1)运用分形(*disfracismos*)——用一对而不是一个词或符号——来表达意义深刻的概念;(2)数字象征——赋予数字象征意义。在纳瓦特尔语言文化中有两个数字特别重要:四代表完成,五代表世界的中心。

据《传述录》记载,1531年12月9日,星期六清晨,瓜达卢佩圣母显灵给胡安·迭戈(Juan Diego)——他的教名是夸乌特拉托亚岑(Cuahtlatoatzin),即说话像鹰一样的人。在纳瓦特尔文化中,清晨不仅指黎明破晓,也代表时间的源头。因此,在破晓时显灵的场景象征着一个新时代的开启,瓜达卢佩圣母显灵事件也就具有了

18

类似宇宙初开、世界伊始的原初意义。[5]

据说胡安·迭戈是在去教堂的路上遇到圣母的,他先是听到了音乐。在纳瓦特尔语中,音乐是代表真理、美、哲学和神性的分形之一。鲜花和歌声共同代表神的存在。他听到如此美妙迷人的音乐,问道:"我这是来到天堂了吗?我怎么会听到如此动人的乐音?"根据记载,"乐音"(歌声或音乐)一词出现了五次。上文提到过,在纳瓦特尔人的宇宙观念中,数字五代表世界中心。[6]这里的"乐音"也代表了对神迹的体验、领悟和升华。在纳瓦特尔语文献中,数字四也很重要,象征着宇宙的整体或完成。文献中胡安·迭戈有四次发问:第一次是"我怎么会听到如此动人的乐音?难道我在做梦吗?"第二次是"我必须从这个梦中醒来。我这是在哪儿?"第三次是"莫非我是来到了祖辈们所说的乐园吗?"第四次是"我这是进了天堂?"在他听到音乐和发问这件事之间,有片刻的沉默,沉默在这里代表黑夜,也是纳瓦特尔语中代表创世的一个分形。[7]

听到音乐,胡安·迭戈向东方望去,那是太阳的故乡,也是神的方位。太阳从东方升起,瓜达卢佩圣母也是从东方出现的。接着,瓜达卢佩圣母以纳瓦特尔人能够理解的方式来到他们身边。她先是用胡安·迭戈的小名称呼他——用西班牙语翻译过来就是胡安·迪吉托——这个纳瓦特尔人的昵称表达的是母爱、怜惜和崇敬。[8]《传述录》的记述中没有直接强调瓜达卢佩圣母在他面前显灵,而是说他遇到圣母。这种相遇的本质是什么?这场相遇有两个人物:胡安·迭戈和瓜达卢佩圣母。52岁的胡安·迭戈是受压迫的下等人,受奴役的土著人。他眼中的瓜达卢佩圣母是什么样的?

他觉得这是一位高贵的女士。文中提到了一个重要的细节——瓜达卢佩圣母站了起来。然而，无论是阿兹特克人还是西班牙人，当时有身份的人都是以坐姿为尊，要么坐在座位上，要么坐在其他特定位置。统治者以这样一种姿态彰显自己的身份，同时向被征服者 19 们示意：统治者的姿态就该如此。然而，故事中胡安·迭戈见到的圣母虽然气度不凡，却没有丝毫高高在上的样子。[9]和那些征服者不一样，她并没有把他视为下等人；她的姿态、说话的语调和内容反而都让对方觉得受到尊重。

瓜达卢佩圣母现身时，周围环境也显示了神迹。书中写道，环绕的鲜花和她脚下的地面像金子一样闪闪发光。他们的这次相遇意义非凡。从此，瓜达卢佩圣母给这片土地和土地上的民众带来新生。书中进一步描述，这位"女士"全身闪闪发光，如同披着灿烂的阳光。在纳瓦特尔文化中，人们常常通过衣饰纹样和色彩来判断人的身份、地位和地域归属。瓜达卢佩身后射出的阳光向以胡安·迭戈为代表的土著人民昭示，她就是上帝的化身。[10]比尔希略·埃利松多（Virgilio Elizondo）指出："太阳神是当地神殿中的主神……她甚至比当地人信奉的最伟大之神还要伟大，但她没有消灭太阳神。"[11]

瓜达卢佩圣母揭示身份的过程中有一条最重要的线索："我告诉你，请你相信，我最小的孩子啊，我就是永恒的圣母玛利亚，我是真神之母，那个创造万物、统治尘世与天国的真神。"[12]瓜达卢佩告诉胡安·迭戈，自己是：（1）上帝之母，即真神之母；（2）生命缘起者之母；（3）万物创造者之母；（4）太阳和大地的创造者之母；（5）与我们同在者之母。这些头衔与古代阿兹特克诸神的头衔不谋而合。

她说出了纳瓦特尔人熟知的五个神灵；因此，瓜达卢佩圣母用纳瓦特尔人能心领神会的方式昭示了她是谁，她来自哪里。

圣母告诉胡安·迭戈，她希望为她建一座神庙，向那些来求助的人施以爱、同情、帮助和保护。她要求神庙建在特佩亚克山（Tepeyac）——一个极具象征意义的地点。[13]那里过去供奉的是阿兹特克人的大地之母。有学者认为，"阿兹特克人很容易把瓜达卢佩和他们的大地之母联系在一起，因为她们都是童贞受孕的圣母，都出现在同一个地方。"[14]不过两者之间也有显著差异：

> 不能简单地把瓜达卢佩圣母等同于异教文化崇拜的地母。阿兹特克人信奉瓜达卢佩圣母，这说明他们的宗教信仰已经发生深刻变化……大地之母既是创造者又是破坏者，而瓜达卢佩圣母的性质和功能却完全不同。瓜达卢佩圣母代表着基督教中美、爱和仁慈的观念，这和阿兹特克人的宗教是不一样的。与阿兹特克的自然神灵崇拜相比，天主教圣母的功能更强大，对人类更有益。瓜达卢佩圣母能保护她的（墨西哥）子民免受伤害，帮他们治愈疾病，在生活中也处处护佑他们。[15]

根据记录，胡安·迭戈遵从瓜达卢佩的意愿去求见主教，却被告知不便接见。他回到瓜达卢佩那里，沮丧地称圣母为"女士，我最谦卑的女儿"。他用这种方式称呼圣母，是在暗示她也同样贫穷、受人轻视。他告诉圣母，他不配担任使者，应该另选一个"更重要、有名望、值得敬佩、受人尊重"的人。这里用了四个词来形容他心目中理想的使者，体现了纳瓦特尔人对数字象征的偏好和对整体性

20

和完满性的追求。胡安·迭戈觉得因为自己是印地安人,所以才受怠慢,如果派更有地位的人去,她的意愿就能完美达成。

胡安·迭戈没有将圣母的旨意传达给主教,他担心这会让圣母感到不悦,于是请求宽恕。他将大主教拒绝接见的原因归咎于自己。[16] 这种自我贬低的心理反映出的正是纳瓦特尔人被征服和奴役的悲剧现实。圣母断然拒绝了另派使者的请求。她再次申明,虽然自己有"许多仆人和信使",但他就是她选中的使者。她知道他受了怠慢,但仍然"坚持"和"恳求"他去传信——用"我郑重地恳请你""我请求你""我衷心恳求你"之类的语句。

这样的对话似乎只会发生在两个地位平等的人之间。然而胡安·迭戈答应了他遇到的这位非凡女性的要求。瓜达卢佩平等地对待他,尊重他,让他有选择的自由(西列尔[siller],64—65)。在对话中,她最后说道:"再去一次,告诉主教,是我差遣你来的,永远的童贞女,圣母玛利亚,上帝的母亲,就是她差遣你来的。"胡安·迭戈重新接受了这一使命,他不愿让圣母有任何不悦,因此欢喜而有力地回应道:"谨遵旨令"(65)。

结束这段对话后,胡安·迭戈来到墨西哥城内主教的住所,但这次又遭遇挫折。为完成使命,他甘愿承受羞辱和质疑。主教训斥说不能仅凭区区一个印第安人的话就建造神庙,并打发胡安·迭戈回去,让他请圣母以神迹为证。

对于胡安·迭戈和主教的对话,西列尔的解读很有意思(68—69)。与主教交谈时,胡安·迭戈称圣母为"永远的圣母,圣母玛利亚,我们的救世主耶稣基督的母亲"。西列尔认为这是胡安·迭戈的神学观念(69)。瓜达卢佩从来没有说她是"我们的救世主耶稣基督的母亲"。西列尔认为,随着自我的回归(胡安·迭戈重获尊严),人重新获得了进行神学思考的能力和自由。当然这个细节或许也可以理解为胡安·迭戈很有计谋,知道要用什么样的言辞容易引起主教的关注。

最终两人约定,如果圣母显示神迹,主教就相信胡安的话,然后他就回家了。回到家,他发现叔叔胡安·贝尔纳迪诺病危,叔叔让他去墨西哥城请神父来主持临终仪式。他陷入了两难境地:是听从叔叔的要求?还是去见圣母求神迹?考虑到死者为大,他决定先去找神父来主持临终仪式:

> 胡安·迭戈完成任务的关键时刻,叔叔正好病重……对我们来说,如果是胡安·迭戈的母亲或父亲生病也许会显得更危急……但对大多数中美洲人来说,叔叔是极其重要的社会角色……叔叔代表的是成年人所能得到的最大尊重,是理解当地人和文化的关键因素。(76)

胡安·迭戈决定绕另外一条路去墨西哥城,以免"让那位女士失望"。然而,当他走在路上,就听见她在叫他,问他要去哪里。胡安·迭戈相信叔叔重病不治的噩耗会给她带来悲伤。所以他一开腔就说:"我让你难过了"(79)。但是瓜达卢佩让他不要担心,不必担心任何疾病和痛苦。她说:"不要担心你叔叔的病,也不要怕任何其他的疾病或痛苦"(82)。

接下来她连着问了五个问题——数字五代表世界的中心——"我不是在这里吗,你的母亲?我不是在以我的影子庇护着你吗?

22

我不是你生命的源泉吗？我不是以斗篷为你遮挡，以双臂给你护佑吗？你还有什么要我去做的吗？"在这些问题中，瓜达卢佩展现了自己的威仪。对于墨西哥人来说，能护佑众人就代表有权威，正如同瓜达卢佩的斗篷所象征的一样："墨西哥人认为人若有权威……就能展臂护佑众人……此人比众人都大，因此众人无论大小，都必受其遮蔽或保护"（83）。

胡安·迭戈见识了瓜达卢佩的非凡能力——胡安·贝尔纳迪诺不治而愈，这是圣母显现的第一个神迹。然而，瓜达卢佩现身为胡安·迭戈带来了精神上的灵药，并最终为纳瓦特尔人带来灵魂解放，这才是更大的奇迹。眼见叔叔恢复健康，他"感到非常欣慰和满足"（84）。叔叔的痊愈让他不再担心，他请求圣母给他一个神迹，好去见主教。圣母让他到特佩亚克山顶去采玫瑰花。她触摸花朵，将自己的形象封印在花朵上，这代表着她将自己融入到印第安人的象征体系中，因为对印第安人来说，花朵象征真理和尊严（86—88）。

这次胡安·迭戈满怀信心地径直来到主教的宫殿。即使受到侍从的侮辱和嘲笑，他也坚持站在那里，等着拜见主教。西列尔做了另一个有趣的分析：这一场景代表印第安人或穷人与主导文化之间的权力对比。在故事中，主教宫殿里的仆人试图抢走他斗篷里的东西，但是瓜达卢佩吩咐他除了主教以外不要向任何人展示这些花。

西列尔认为，企图从胡安·迭戈手中夺走鲜花这一行为也具有象征意义：这代表主流文化试图抢走印第安人手中的真理。征服者和主流文化已经从胡安·迭戈和他的族人那里夺走了他们的土地、商品、城市、政权，以及他们存在和行动的理由。现在他们还想要夺走他手中真理的象征，那是他仅存的一切。西列尔认为，瓜

达卢佩圣母的故事告诉人们：再也不可能从土著人手中夺走真相 23
（93）。同时，值得注意的是，是胡安·迭戈这样一个印第安人把真
相带给西班牙主教。

胡安·迭戈等了很长时间，侍从才禀告主教他的到来，并领
他进去。胡安再次向主教讲述了他的故事。他说，主教怀疑他，向
他求神迹，其实是在向圣母求神迹。文献记载，胡安·迭戈说圣母
"派我上山去采花，我知道现在不是采花的季节，但我没有怀疑她
的旨意"。说完这番话，他呈上了神迹的证据——玫瑰花——并请
主教收下。当玫瑰花从他的斗篷下飘落时，瓜达卢佩圣母第五次显
灵——圣母的形象显现在胡安的斗篷上。主教和周围的人看到了，
都跪下来连声称颂，忏悔当初不相信神的旨意。

瓜达卢佩故事有既定的内容，人们不能按照自己的方式去随
意理解这个故事。记忆容载着记忆，就像夫妻永远不会忘记他们是
如何相爱的，尽管他们的关系会随着时间的推移而改变。这个故事
之所以具有"文化意义"，是因为它已经嵌入到墨西哥人的集体意
识中，至今仍能激发出新的意义。记忆在某种程度上定义了它所属
的文化，而文化载体则决定了记忆中要强调的是什么。坚守记忆，
传递记忆，并重新诠释记忆，这不仅是智性认知的过程，也是情感体
验的过程。

从"实践的基要神学"（practical fundmental theology）
的立场出发，约翰·巴普蒂斯特·梅茨在《历史与社会中的信仰：
对一种实践的基本神学之研究》中认为记忆可以被理解为"末世
希望的表达"和"身份救赎的范畴"。[17]他进一步指出，"记忆……
作为一种抵抗时间流逝的方式，在任何历史和社会理论中都具有

至关重要的意义。"[18] 这种理解和运用记忆的思路为我们把握瓜达卢佩圣母故事的影响提供了一种模式。对她的信徒而言，瓜达卢佩圣母代表末世的希望（表2.1）。对西班牙裔/拉丁美洲裔的天主教徒而言，延续有关瓜达卢佩圣母故事的记忆就是"团结一致，记住那些死者和被征服者"[19]。

表2.1　瓜达卢佩圣母故事体现的文化记忆

文化记忆的载体	如何体现文化记忆	体现何种文化记忆
拥有记忆的人 记忆本身也是载体	形象/故事 庆典/歌谣 《传述录》 瓜达卢佩大教堂	情感 期待 忠诚 方向 希望

　　简而言之，文化记忆能延续下来是因为它满足了人们对身份、救赎、希望和抵抗文化湮灭的基本需求。瓜达卢佩故事的文化记忆之所以存在，也是因为人们需要它。这个故事讲述的是如何恢复人的尊严，这个声音一度沉寂，现在又重新响起。它讲述的是如何找回一种失落的语言，如何感受到神的眷顾。它讲述的是一种被掩埋的象征符号如何重现并延续到新的时代。最后，它讲述的是一个民族，一个受苦受难的民族的共同经历，这个故事还将延续下去。纳瓦特尔人拥有的一切都被摧毁时，瓜达卢佩事件重新唤起了他们的文化记忆，并由此赋予他们力量，使他们新生。

　　瓜达卢佩的故事在哪些方面激活了纳瓦特尔人的文化记忆？有几点值得注意。第一，瓜达卢佩说的不是征服者的语言即西班牙语，而是纳瓦特尔语——被征服者、被压迫者的语言，被边缘化和被迫噤声者的语言。第二,当她出现时,她是以纳瓦特尔人的象征符号揭示身份的,让这个被边缘化的群体能一眼认出自己的文化。第三,在提及纳瓦特尔人信奉的众神时,她说自己就是其中之一。因此,通过进入他们的历史,将他们的文化、象征符号和语言活生生地展现在他们眼前,瓜达卢佩唤起了纳瓦特尔人的文化记忆。她以这种方式证明了纳瓦特尔人的存在,让他们在世界上找到属于自己的位置。通过对话,她赋予他们力量,恢复他们的尊严,请他们共同斗争,重新发出自己的声音,从而促进他们的解放。她的行为显出什么是"团结一致,记住那些死者和被征服者"。圣母重新赋予胡安·迭戈力量,也就是重新赋予被压迫的民众力量。

如今,瓜达卢佩的形象在美国1200多万墨西哥裔居民的社区中随处可见,无论是作为一尊雕像或一幅画出现在家庭的神龛里,还是作为图案出现在T恤或建筑外墙,甚至商标上。人们不仅用她的名字来给孩子命名,还用来给教区和教堂、街道和城镇、河流和山脉命名。

对于作为文化记忆的瓜达卢佩故事,墨西哥神父、神学家和人 ²⁵ 类学家克洛多米罗·西列尔(Clodomiro Siller)有着更为深刻的分析和理解。西列尔在人类学方面的研究与他本人在墨西哥原住民地区长期从事的神父工作有密切联系。[20]他对于人类学研究的兴趣在于土著人群,尤其是那些说纳瓦特尔语的土著人群,他的神学研究则基于解放神学展开。[21]西列尔和那些一开始就试图从基督教立场来理解故事的研究者不同,他是少数试图从本土纳瓦特尔人的角度来理解瓜达卢佩事件的学者——而这恰恰是我们认为最值得参考的一点。因此,接下来我们将详细解读圣母显灵事件是如何被叙述的,尤其要强调它在16世纪纳瓦特尔文化中的意义。

在西列尔看来,以犹太-基督教的立场来解读这个故事会使它失去真实性。[22]这种解读会对其中的象征符号存在先入为主的认知,而因此忽略了纳瓦特尔人独特的象征体系。只有纳瓦特尔人才真正有资格介绍自己本民族的文化。与所有文化一样,纳瓦特尔神话可以帮助我们更好地理解他们文化符号的含义和价值,虽然随着时间的推移,这些含义也会变得多元。例如,对纳瓦特尔人来说,花代表着真理、美和本真性。因此在纳瓦特尔神话中,羽蛇神为了给人们带来幸福,就借助一朵花向他的子民显示了万物的真相。

叙事的来源

瓜达卢佩圣母的故事据说发生在1531年,即西班牙征服当地十年之后。故事发生的时间远远早于报纸和大众媒体的时代,因此和那些被广泛报道的基督教故事形成鲜明对比,比如卢尔德的圣母显灵,当时这个故事立即通过铁路和蒸汽船传遍全世界。此外,瓜达卢佩的故事出现在一个有着巨大语言鸿沟的社会。而在卢尔德的故事里,每个人都说着同样的语言,所有朝圣者都讲述着同样的故事,故事都围绕着河边著名的石窟展开。但在特佩亚克山,印第安文化和西班牙文化分属两个世界,前者信奉大地之母,有自己的文化传统;而后者深受瓜达卢佩圣母信仰——西班牙埃斯雷马杜拉地区的主保圣母,相关传说源于山脚下的一口井——和包括天主教童贞圣母在内的欧洲其他圣母信仰传统影响。

关于瓜达卢佩显灵的具体位置,现存的口头记述说法不一,但

26

有证据表明这一传统确实存在,其中包括17年后胡安·迭戈对这一事件的证词。[23]

　　这件事在印第安人中流传,在一个又一个社区之间流传。人们讲述着胡安·迭戈在特佩亚克山的经历,还有他在墨西哥城的传奇经历,讲述圣母如何治愈他的叔叔,瓜达卢佩圣母如何在众人面前显现神迹。很快,这些故事成为他们民族传统的一部分。[24]

此外,1531年瓜达卢佩圣母显灵的事件在《传述录》这一古代文献中也有记录。1986年3月,罗德里格斯在墨西哥城瓜达卢佩研究所实地查阅了这份文献的抄本。现存最古老的一份《传述录》是由博学的印第安信徒安东尼奥·巴莱里亚诺(Antonio Valeriano)在1540至1545年间写成的。[25]不过应该指出,也有学者认为这份文献的问世时间应该是在17世纪(1649),作者是路易斯·拉索·德拉维加(Luis Lasso de la Vega),一位在特佩亚克山的神庙修行的教士。[26]

在《瓜达卢佩圣母大传》(Monumentos Guadalupanos)第一卷中保留了由安东尼奥·巴莱里亚诺撰写的两个不同抄本,其中都记录了瓜达卢佩的生平。书页磨损严重,首页更是残破不堪。第二个抄本晚于第一个抄本约四十年,大约在16世纪末,该抄本的写作风格较之第一抄本要严谨得多。[27]第一个抄本在拼写和写作风格上明显带有16世纪中期的特征。此外,这两个抄本的词汇、语言、句法和习语使用也有所不同。早期的第一个抄本是用当时印第安人口语的风格写成的。[28]本书引用的是由堂普里莫·费利西亚诺·贝拉斯克斯（Don Primo Feliciano Velázquez）在1926年翻译成西班牙语的文本。

重读文本

文本的真实性决定了人们进一步理解其意义的程度。这部分将讨论文本/叙事的意义。《传述录》在讲述瓜达卢佩圣母显灵故事时是从介绍事件的历史背景开始的。这份文献记载，这位女士即圣母玛利亚、上帝的母亲是在战后的1531年出现的，距1521年西班牙人征服阿兹特克帝国过去了十年。瓜达卢佩圣母在胡安·迭戈面前显灵的地点是特佩亚克山，位于现在的墨西哥城北部。圣母显灵时阿兹特克人正深陷被异化、被压迫的巨大苦难之中。

瓜达卢佩说自己是"真神"之母，在纳瓦特尔语中，人们就是这样称呼神的。圣母说她是唯一的真神的母亲，赐予生命的神，纳瓦特尔人就知道她说的是他们自己的神。[29]此外，瓜达卢佩自称为"永恒的贞女"，即纳瓦特尔语*doncella entera*，或西班牙语"完整的女人"。在纳瓦特尔文化中，无论男女都极为重视贞操。因为这些细节，他们会把她视为本民族文化的具体化身。[30]所以，瓜达卢佩圣母的形象代表了纳瓦特尔人非常珍视的本民族文化。这个故事和形象代代相传，叙述中不乏戏剧性的情节带有明显的土著文化特征，常常成为主流文化镇压和铲除的焦点。这个故事也表达的是一种富有感染力的世界观：即使遭受灭顶之灾，希望和信念仍然能引领人们找到真理。

神学启示

从瓜达卢佩圣母的文化记忆中,我们能得到什么神学启示? 首先,我们认为瓜达卢佩圣母代表的不只是同情、救济,也不只体现了16世纪西班牙人与土著人民和解的方式。事实上,比尔希略·埃利松多已经对这个故事从四个方面给出颇具说服力的神学诠释。[31]

第一,通过表明自己是"真神之母",瓜达卢佩确证她自己拥有最高的创造力。[32]

第二,瓜达卢佩代表了一次新的创世,一个新的民族:"只有显然是发生在天国的事件才可以帮助那些被征服、被欺压的墨西哥人扭转逆境,他们才能为自己的重生而自豪。"[33]

第三,瓜达卢佩回应了墨西哥人心灵最深处的本能需求,埃利松多称之为合法性的困扰,或者说,担心被抛弃的焦虑。[34]甚至可以更大胆地说,这个故事体现了一种对人的尊严的更深的渴求,对重获自我的需要——一个上帝以自己为原型打造的自我。还有很重要的一点,瓜达卢佩体现了人们体验上帝的母性关怀的深层需要。

第四,瓜达卢佩象征着权力的逆转:"权力的逆转无须兵戎相见……依靠象征符号就能深入人心,因为象征符号的核心意义在某种程度上是相通的。"[35]

除了以上解释,我们还想补充以下四个神学和人类学的观点。第一个观点是上帝眷顾他的子民。从神学上说,神是信实的约,应许神是我们的神,我们是神的子民。瓜达卢佩进一步体现了上帝的承诺。梅茨写道:"基督教信仰可以理解为一种态度,因为它,人[原

文如此]会记住那些给出的承诺,以及因此带来的希望,并且让自己
[原文如此]置身于这些记忆之中。"[36] 瓜达卢佩的信徒们正是如此。
在承载文化记忆的过程中,人们记住了瓜达卢佩的承诺:同情、帮
助和庇护他们。因为得到承诺,人们体验到了希望——一种承载于
文化记忆中的希望。因为这些承诺,关于瓜达罗佩的记忆和她的形
象在人们的生活中无处不在——一种可以读到、摸到、感觉到、看到
和体验到的记忆和形象。

　　第二个观点是瓜达卢佩象征着死而复生。她在许多方面解放了
所有人,使那些曾在腐朽、破碎、痛苦的旧世界里奄奄一息的将死之人
在新世界里重获信仰。罗德里格斯在演讲中与听众分享自己的瓜达
卢佩研究心得时曾表示,如果人生中没有过自视为尘埃的体验,就永
远无法理解瓜达卢佩的故事。换句话说,我们必须记住自己从哪里来,
自己渺小如尘土,记住自己曾受奴役、受压迫,上帝已经并将继续带我
们走向自由。文化记忆将那些故事封印在我们的脑海中——那些寻
求掌控和统治的人的故事,那些带领人们寻求解放的人的故事。

　　第三个观点与上帝有关,以肉身显现的上帝是神与人的中保,
瓜达卢佩也是以人的形象来到纳瓦特尔人的世界、墨西哥人的世界、
墨西哥裔美国人的世界的——他们在那里呼唤她、膜拜她、信仰她。
她以人们心领神会的方式显现,以象征符号表明她是他们中的一
员。她在文化记忆和真理中找到并唤醒了人们的记忆,来到人们中
间,并帮助他们获得更深的智慧,以象征的方式引导他们超越自己。

　　第四个也是最后一个观点是:不能仅从虔信宗教的层面来理
解瓜达卢佩带来的爱、同情、帮助与庇护的信息,还应该看到其中反
映的民族诉求。从本质上而言,故事讲述的是无私的爱和一段救赎

29

的历史。[37]她的形象代表末世的希望，只要人们求她、信她，就知道一切有望。但这并不意味着人们只是消极地领受。相反，她倾听、肯定、治愈他们，使他们恢复力量，号召他们为自己而坚持斗争——这才是真正的疗愈。

关于这个故事还有很多论题可以讨论，例如关于情感的影响力，关于这个故事如何成为文化的载体等。限于篇幅，我们希望用以下两点作为结论。第一，诗人巴巴·迪乌姆（Baba Dioum）的话放在这里非常恰当："最终，我们所热爱的将会延续下去，我们所热爱的是我们所理解的，我们所理解的是我们所学到的。"[38]我们也希望，那些体现了瓜达卢佩圣母的力量和疗愈能力的故事能继续带着爱和理解被一代代传承。第二，尽管上文中我们描述了瓜达卢佩的形象，证明那是一种在墨西哥裔美国人的文化中被铭记的体验，体现了两种文化的调和，但基督教的传统是如此博大，甚至具有跨文化的影响力。不幸的是，越是虔信基督教越有可能在很多方面试图消灭其他文化。很明显，瓜达卢佩的形象不仅表现了基督教文化的影响，也体现了对美国墨西哥文化的吸纳改造和致敬。如果基督教开始吸纳其他文化传统——那些始终被排挤的文化如凯尔特文化、非洲文化和加勒比文化——将会发生什么呢？也许到那时，我们的兄弟姐妹就不再觉得自己被排除在应许之地之外了。

神学不是纯粹的、不受其他任何因素影响的流水线产物；相反，它受到各种因素的影响。如果把神学与同一传统下的其他因素分割开来，就有可能一叶障目。要全面地看待神学问题，必须要关注社会群体在经济、社会、政治和艺术等方面的生活状况。[39]

换句话说，我们都不能摆脱经验的影响。每个人都是毕生积

30 累的复杂经验的产物。一个人或一个民族的重大事件往往体现在象征符号中。象征符号可以融汇个人生活的各个方面,将其升华为与神的对话。在墨西哥裔美国天主教徒的经验中,瓜达卢佩圣母就是这样一个象征。关于她的文化记忆是一个历经岁月的动态过程。通过她的故事、形象和情感影响,她的文化记忆承载了墨西哥裔美国人的宗教文化传统。祖祖辈辈以来,这一文化记忆一直在告诉墨西哥裔美国人他们是谁,属于什么样的文化传统。

为了理解瓜达卢佩圣母故事背后的力量,有必要从神学的层面来思考其中关于真理、意义和情感影响的问题。她的故事有三方面影响。首先,它源于墨西哥化的基督教文化,或者说体现了基督教与本土宗教观念的融合。其次,它体现了土著文化和西班牙文化之间的联系。[40] 最后,作为一种文化记忆,这个故事为我们提供了具体例证,让我们在下文中从一个尚未被学界深挖的维度展开研究。

瓜达卢佩圣母的意义

珍妮特·罗德里格斯在她早期关于瓜达卢佩的研究中试图证明,墨西哥裔美国妇女的这种信仰是真实可信的,并将瓜达卢佩的例子当作一种可确证的来源,进而从神学维度上加以讨论。瓜达卢佩的故事不仅在民间信仰的范畴中具有重要意义,在启示和恩典的范畴中也具有重要意义。

最近在美国公共广播公司的一次采访中,著名宗教学者休斯顿·史密斯(Huston Smith)指出,基督教的真正含义体现在"人类与神之间代代相传的活生生的对话"中。罗德里格斯和瓜达卢佩的信徒都赞同史密斯的观点，认为自己与瓜达卢佩之间存在一种积极生动的对话。这种对话代代相传，父母传给孩子，传道员传给信徒，教师传给学生，姐妹传给姐妹，兄弟传给兄弟。在认知上，瓜达卢佩之所以意义非凡，是因为她回应了墨西哥人心灵深处的需求；她圣像中包含的土著象征符号所代表的，是他们的遭遇、他们的理解和他们的荣耀。

　　载有瓜达卢佩故事的权威典籍《传述录》记载，瓜达卢佩称自己为上帝之母，即真神之母；生命缘起者之母；万物创造者之母；　　31
太阳和大地的创造者之母；与我们同在者之母——这与古墨西哥诸神的名字几乎一致。[41]纳瓦特尔人都知道这五位神的名字。瓜达卢佩告知人们她是谁，她从哪里来，这体现了纳瓦特尔人最重要的观念，以及他们从宇宙和历史维度对神的理解。她以一种安详宁静的方式进入人们的日常生活。这个与他们交谈的女性形象在情感上触及人们内心最深处的信念和渴望：需要得到关注、倾听、理解、接受、拥抱和爱。正如诗人约翰·多纳休（John Donahue）概括的，"只有在爱的光芒中你才能看到人，否则你根本看不到他们。"[42]通过确证自己是"真神之母"，瓜达卢佩使自己与至高无上的创造力联结在一起。她代表新纪元的出现，新人的诞生。[43]

　　瓜达卢佩的故事表达了人们对恢复尊严和重获自我的迫切需求——一个按上帝以自己为原型打造的自我。瓜达卢佩与人的相遇体现了无私的爱和一个民族渴望被救赎的历史。也许最重要的是，它肯定了人们面对父权帝国主义时体验上帝整体性的需要。

　　瓜达卢佩是上帝的一个面向——常与母爱、怜悯、帮助和庇护联系在一起——倾听和治愈所有人的抱怨、哀愁和苦痛。起初，她并不关注那些有权势的统治者,而把恩典赐予穷人和遭受遗弃的人。像上帝在亚伯拉罕和撒拉面前那样,瓜达卢佩与"被征服的人"站在一起。在万物凋敝的寒冬,她将玫瑰花的神迹显现给胡安·迭戈,给受压迫的人带来希望。在她现身之前,他在路上听见了美妙的乐音。这个相遇的过程中包含了印第安人象征体系的内在逻辑性,因为对于纳瓦特尔人来说,花和歌共同体现了神的存在。

在21世纪的第一个十年,1531年的福音对我们意味着什么?无论在哪里,只要还有人受苦,还有人受压迫,就需要瓜达卢佩带来的福音。穷人(胡安·迭戈就是代表)以他们的皈依和信仰回应了圣母的召唤。信仰瓜达卢佩,就是信仰穷人和站在他们中间的上帝。关于这则故事在当时和现在传达的意义(详见表2.2)。

表2.2 瓜达卢佩的意义:过去与现在

瓜达卢佩圣母的文化意义:1531年	瓜达卢佩圣母的文化意义:2005年
a.呼吁让当时处于西班牙人统治下的墨西哥土著人民重获尊严。	a.呼吁让所有受到各种主流意识形态统治和压迫的人群重获尊严:精神生活(如内在焦虑、矛盾心理、自我怀疑)、人际关系、政治、社会、宗教、性别差异、性取向等方面。
b.推翻西班牙人统治下充满毁灭和死亡的旧世界,带领土著人民建立让所有人获得生机和自由的新世界。	b.努力推翻、改变和挑战持续的压迫带来的毁灭和死亡,创造让所有人获得生机和自由的世界。
c.引入底层民众胡安·迭戈的经历,他既代表一个濒临灭绝的民族,也象征迎接新的教会和社会秩序的新人。	c.激励像胡安·迭戈一样的普通人/女性/少数人群迎接新的教会和社会秩序。

资料来源:作者1996年在墨西哥库埃纳瓦卡的本笃修女会关于瓜达卢佩的访谈记录。

无论过去还是现在,瓜达卢佩的福音都需要回应:无论是信仰、皈依它,还是在分享中不断传承。人类与瓜达卢佩的相遇是一个超越历史的时刻,在这个时刻,既是父亲又是母亲的上帝召唤他的子民,鼓励他们敞开心扉,迎接治愈、和解、支持和爱。

瓜达卢佩故事植根于历史,有固定的内容。从着手研究瓜达卢佩故事开始,罗德里格斯就认为瓜达卢佩是一种文化记忆。文化记忆包含在瓜达卢佩自身的形象之中,也记录在纳瓦特尔人的《传述录》中。记忆并不局限于文字。他们存在于历史现实中,又被历史现实表达出来。人们通过分享她的故事、表达对她的虔诚,通过为她举行庆祝活动来传递关于瓜达卢佩的记忆。它们记忆和唤起的主要是一种情感和愿望——寻找希望与力量。这一记忆铭刻在民族的历史、社会和政治世界中,传达的是一个民族对自我价值的肯定,对于本民族语言、文化和传统的珍视。因此,瓜达卢佩的形象和意义是文化记忆的载体。作为一种文化记忆,瓜达卢佩不仅唤起信徒与她的情感联系,还使信徒们相互联系在一起,进而形成民族凝聚力的关键要素。把握、传递和重新诠释记忆——既是一个理性的过程,也是一个情感的过程。

瓜达卢佩事件的文化记忆在这一历史时刻之后仍然存在,因为它始终代表着对身份、希望的需求,以及抵抗外部同化力量的信念。瓜达卢佩的故事讲述的是人类如何恢复尊严,它的声音曾一度沉寂,但现在又重新响起。信仰恢复了人的尊严和话语权,并告诫我们不能排除"异己",要以更包容和更开放的态度去拥抱上帝的启示和人类的复杂性。

在希伯来《圣经》中,上帝是信实的,他与被奴役的民族立约,不断确认这个民族与万能的慈爱之神的关系。瓜达卢佩也同样代表这种《圣经》信约,她向子民显灵并来到他们身边,当他们请求她、信她、爱她时,她便会回应他们,治愈他们的苦痛、哀愁与不幸。

　　她为所有受压迫和被边缘化的人带来福音:神是存在的,神与他们同在,赐予他们爱、同情、帮助和庇护。瓜达卢佩事件、记忆和关于她的故事一直在提醒作为一个民族的墨西哥人:不要忘记遭受的压迫,也不要忘记神永远与穷人同在,神会召唤他们追求解放,治愈苦痛。[44]

第三章

秘密与仪式的力量：雅基人的抵抗与精神

傍晚时分,沙漠里炎热的空气慢慢恢复凉意,我们和雅基人一起坐在他们满是尘土的神庙里。头裹披巾的女人坐在大堂的后厅,男人坐在前厅。这座建筑处处显得陈旧:粉刷过的土坯墙留着草草修补的痕迹,陈设简陋,神像和雕塑也留下岁月的痕迹。鼓声缓慢而有节奏地响起,人们的表情严肃而专注。大师领头起了调子,用披巾遮住口鼻的女人们齐声跟着唱了起来。只要有印第安人聚居的地方就能听到这种颇有节奏的吟唱,这是印第安精神传统的一部分。但在我们坐下来认真聆听的时候,突然意识到吟唱是有内容的,而且居然是拉丁语——一种我们两人都从未听过的、应该是16世纪流传下来的古拉丁语。此情此景,坐在亚利桑那州这个叫作瓜达卢佩的雅基人村子里,500年的时光仿佛在眼前流过。

雅基人的宇宙观:一种基于文化客位[1]的阐释

　　在本章,我们试图破解一个关于记忆的秘密,即它是如何在文化中发挥力量并成为一种抵抗方式的。雅基人的个案研究之所以特别值得探究,是因为他们拥有一种极具文化适应力的秘密机制,能够抵抗外来文化的同化。"训练有素的观察者,"历史学家托马斯·R. 麦圭尔(Thomas R. McGuire)写道,"全都认为雅基人成功地抵御了那些一直企图……破坏他们的仪式,同化他们的政治制度,控制他们的生产土地的企图。"[2]人种史学家托马斯·谢里登(Thomas Sheridan)认为,雅基人成功抵抗文化入侵的关键是他们拥有一个长期形成的身份认同体系,其中包括:(1)充满凝聚力的集体身份;(2)个人身份与集体身份的紧密联系,个人也参与集体身份的建构。[3]雅基人的团结"明显体现在他们的仪式和宗教生活中……雅基人……一般不愿意过多地谈及他们的宗教或仪式"。[4]几个世纪以来雅基人经历了种族文化灭绝[5]和大屠杀[6]带来的压迫和屠杀,却仍牢牢守护着自己的传统,这一传统也仍在赋予他们意义和活力,并带给他们身份认同。

我们最初的设想是去了解位于亚利桑那州菲尼克斯外的瓜达卢佩雅基社区的鹿舞和宗教庆典的相关细节,但雅基人首领邀请我们参加瓜达卢佩圣母节和复活节仪式时,却提了两个要求:(1)尽量全身心地参与庆典活动;(2)不要把他们的宗教和生活细节写到书里。我们后来才逐渐认识到,那些我们亲身体验的精彩仪式本身就是几百年来复杂的家族关系沉淀之后的产物。仪式的各个环节是分开举行的,由家族中不同的姻亲单位分别负责,[7]但却丝毫没有减损它的力量,这得益于雅基人谨守"秘密"的观念。几百年间他们经历了虐待、种族文化灭绝、奴役和流离失所,但这些秘密从未失守,让他们始终保持着"雅基人"的身份。

我们将文化记忆视为一种在信仰上抵抗殖民主义的手段,本章仍然以此为核心展开考察。我们始终认为,如何解读文化意义是由人的思想观念决定的,所以把重点放在那些体现雅基人信念的仪式上。此外,我们也有必要将这种流传至今的复杂的秘密仪式视为历史的产物。在雅基人的历史记忆里,四百多年前耶稣会士的传教就是一个改变他们历史命运的转折点。因此,本章从16世纪耶稣会活动的历史概述展开,并进一步论述耶稣会士与雅基人的历史性相遇,以及二者相遇带来的影响。

我们不是为了告诉读者雅基人宗教仪式的秘密是什么,更不是要以西方经验主义所宣称的知识或知识产权是另一种科学“战利品”的姿态来解读雅基人的思想观念。我们始终认为,一个民族的神圣感源于他们对本民族文化可贵的信任,不应该将其置于有科学偏见的环境中进行审视。我们对雅基人的仪式、庆典和宗教一直保持尊重和敬畏,因为这些神秘仪式保存了他们独一无二的世界观,是他们唯一的财富。本章旨在考察文化记忆与秘密和仪式之间的关系,因为它们(1)建构了雅基人的世界观;(2)提供了具体的语境,使我们得以更好地认识当代瓜达卢佩村的雅基人的身份认同和抵制同化的问题。

麦圭尔相当敏锐地意识到:“雅基人的仪式特别能吸引观 37 众……即使邻居不想参加……也无法推脱……确实,这些带有表演性质的仪式教会观众什么可以表演,什么不可以表演。另外,针对那些在节庆期间和仪式过程中违反规则的人,还有专门的责罚条例。”[8] 我们有幸旁观过仪式的某些公开环节,因而对雅基人的思想观念略有体会,但其中最根本的部分却始终笼罩在神秘面纱之中,不容我们这些外族人窥探。因此，虽然粗略介绍了仪式流程，但在考察文化记忆中的秘密和仪式这一要素时，我们还是将重点放在考察雅基人的历史，以及雅基文化能循环更迭至今的原因等问题上。而这与他们保持种族界限、固守文化秘密的能力有着莫大的联系。

我们的世界深受一种观念的影响，即认为世界就是一个民主的公共平台，或者说，一个分享知识的平台，进而认为知识都是公开的，和商品一样可以讨价还价、购买或习得，每个人（在理论上）都有平等的机会去掌握知识。对于雅基人的宇宙观，我们试图深入地去研究它既能在时代变化中保持特性，又能在西方文化影响下与之共存的原因。那么，这就要求我们先搞清楚自己的宇宙观是如何在一种扩张主义和掌控世界的历史语境下形成的。我们的宇宙观与雅基人的宇宙观有本质上的差异，理解雅基人宇宙观最好的方式，就是观察那些体现他们的自主性和群体凝聚力的仪式。而要理解这一点，从历史的角度来研究雅基人，以及他们在16世纪与耶稣会的相遇就显得至关重要。

耶稣会

我们有必要先站在当代回溯哥伦布时代之前的世界观和16世纪欧洲耶稣会士的世界观，这样才能更好地理解雅基人的宇宙观。耶稣会是16世纪出现的一种全新的宗教派别，它反对新教改革。创始人依纳爵·罗耀拉（Ignatius of Loyola）的初衷是组建一群流动性强、纪律严明、受过良好教育的神父（和兄弟）来重振中世纪后已经摇摇欲坠的天主教会。成员在接受广泛而特殊的训练后成为神父,并被派往耶稣会工作。

> 我将请求主让我听见他的呼召……首先,我进入想象。我想象有一位人类的统领……他对所有人说:"我要战胜所有疾病,所有贫穷,所有无知,所有压迫和奴役,简言之,要战胜所有人类的敌人。"……那些心灵广阔之人的激情将会被点燃,跟随耶稣基督的脚步……[他们]不仅将自己全身心交付于这一伟业,还要与任何分裂的行为作斗争。[9]

这是耶稣会士执行各项使命时所用的一段冥想引导词。最近的大量研究成果表明,学者们试图解读美洲耶稣会与印第安人的关系并加以批判,但很少有人把握住一个问题:耶稣会全心全意将自身奉献给全世界的民众,其重要意义何在。[10]大多数研究倾向于认为人类的关系是以物质交换为基础的,也就容易忽略耶稣会士秉持的观念,即撒旦仍在人间与"善的力量"为敌,这场斗争需要他们满怀激情和绝对忠诚地投入其中,哪怕要过一种边缘化的生活。心中有主,灵魂得救,这一观念让印第安人和天主教徒在情感认知上有了融合的可能。印第安人认同的正是这样一种耶稣会士以勇士形象体现出来的精神力量。[11]

其中的重点在于,每一个向雅基人传教的耶稣会士都在践行这种精神。每个人都以"耶稣标准"下的宗教战士自居,奋力"为善的力量而战"。他们认为,那些不能"通过耶稣感受神恩"的人不能感受到神无所不在的恩典,也不能真正懂得什么是幸福。[12]耶

38

稣会士坚信自己的愿景也是印第安人的心之所向。他们凭借代表耶稣身体和血的面包和葡萄酒洗净原罪,以神的名义宽恕这些人,通过圣餐和其他仪式实现与神的完全合一。因此,即使雅基人仍信奉萨满教,耶稣会士也对他们产生了一定影响。

依纳爵·罗耀拉在自传和《神操》中以语言来触动心灵和思想。当然,如果一个人的内心拒绝这种语言,或者之前没有受到熏陶,一切就会看起来非常"古怪"——就像我们的一位同事曾经说过的那样。必须强调的是,宗教行为反映了"经由语言和文化(这里指的不是理性功能主义层面上的文化)体现出来的人类创造力"[13]。从欧洲来到美洲的耶稣会坚信:既然灵魂和肉体密不可分,要改造当地人的思想,就要先改变(当地文化的)经济和社会秩序。耶稣会士的思想体现在他们生成的语言中,也体现在耶稣会的创立者和偶像依纳爵的神话中。

在看待耶稣会与土著人的文化相遇问题时,存在两种危险倾向:要么一味将其妖魔化,要么流于神圣化。有人认为,很多传教士邪恶和傲慢的行为使得当地人的文化知识体系湮灭,由此导致土著语言和风俗的消失,重要的疗愈传统也随之消失。事实是(1)雅基语仍然是当地人的主要语言;(2)他们仍保留着沿用数百年的舞蹈和仪式形式;(3)他们的仪式中融合了印第安和天主教的文化元素;(4)从墨西哥南部到亚利桑那州,这个民族仍具有强烈的民族认同感,这说明他们最根本的文化结构没有受到任何天主教神父或"官方神职人员"的影响。他们的文化结构之所以稳固,原因在于土著人的世界观和耶稣会的传教激情真正地融合。

是什么将这些16世纪的雅基人与耶稣会士联系在一起?那

是一种对完美世界的追求,对"更美好生活的梦想"[14]的追求。卢多·阿比希特(Ludo Abicht)指出,耶稣会的创始人依纳爵·罗耀拉继承了骑士时代的荣耀传统,以奥古斯丁的"上帝之城"的观念为范本对宗教生活进行了彻底的革新。"心灵神学家"奥古斯丁认为存在"上帝之城"和"尘世之城"的分野,前者是建立在对上帝的爱和对自我的蔑视之上的,而后者恰好相反。[15]奥古斯丁认为,在进入上帝之城之前,人类的心灵需要完善。心脏是把握智性之光的器官,通过它可以看到真理。所以,依纳爵和耶稣会士为之狂热的伟大愿景是效仿道成肉身的耶稣,将光明和上帝的道义带到人世。

依纳爵不支持贫苦农民的起义,而是长期致力于专门培养精英分子来开展深入的传教活动,以便将对上帝的神秘誓言融入真正切实有效的行动。[16]这些传教者对雅基人产生了深远影响,两者之间的关系"亦敌亦友……耶稣会士就像雅基人的巫师,拥有神奇的控制人的精神的力量",[17]这与依纳爵最初的传教观念不无关系。 40
此外,耶稣会士也受到"日益世俗化的影响,中世纪天主教会的霸权已经被打破,以耶稣基督和他的教会为核心的基督教统一观念也在动摇"。[18]要理解耶稣会为其伟大愿景而奋斗的动力和他们教会雅基人的心灵训练,需要先了解耶稣会的基本观念和他们自我操练的方式。[19]

耶稣会的世界观

我们现在观察和描述地貌的所谓"正确"方式大多是500年

前发明或者文化建构的。当欧洲探险者"发现新世界"时,他们需要创立新的方法来描述环境和文化的相互关系。观察者在某种科学视野下把某个地方和当地的生物(例如此地的动植物)区分开,又对这个地方、当地动植物和居民加以区分。方济各会修士贝尔纳迪诺·德·萨阿贡(Bernardino de Sahagún,1499?—1590)试图创立一种"文化景观"学说,但受到宗教裁判所的制止。[20]

耶稣会士何塞·德·阿科斯塔(José de Acosta,1540—1600)也许是地理大发现时期最重要的科学家。1590年,他的汇编论著《印第安人的自然及道德史》(*Historia natural y moral de las Indias*)出版,随后200多年中这本体现"新世界"科学观念的先河之作被翻译成25种语言。在书中,阿科斯塔认为美洲是整个世界不可或缺的一部分。他写道,和地球上的其他地区一样,美洲是由四种元素组成的,土著人在人类历史上有着自己独特的地位。[21]

雅基人从耶稣会士那里获得了对天主教的基本认知,但这已经是被后者创造性转化之后的产物。迈克尔·V. 安格罗西诺(Michael V. Angrosino)认为,耶稣会的传教策略已经从"强加"和"介绍"天主教文化转变为"适应"和"融入"当地文化。[22]学习当地不同部落的语言,用当地人能理解的文化观念来解释欧洲的神学观念,这对于耶稣会士来说都是必要的。当地天主教的形象和仪式中已经融入印第安人的形象和仪式。[23]这些16至17世纪的耶稣会士任务繁重,要学习语言、熟悉当地文化,还要钻研神学,直到19世纪这些仍是传教士的基本功课。[24]爱德华·H. 斯派塞(Edward H. Spicer)指出:"雅基人的仪式规则基本没有[被耶稣会士]打破。相反,耶稣会士们倒是很乐于讨论这些仪式,按照基

41

督教的观念来理解它们。"[25]

历史语境

在墨西哥索诺拉州,现在被称为雅基人的土著人群居住在80多个当地村落(*rancherías*)里,占地3500多英里,超过3万人口。[26]这些奉行手植[27]的农人在这片土地上已经繁衍生息了几千年。他们秉持的是根深蒂固的万物有灵论,认为自然界的一切都能通灵。和当代的园艺爱好者一样,他们爱护万物,有自己遵循的仪式,追求植物、动物、水、岩石和矿物及天空的和谐与平衡,并因此得以生生不息。他们从不试图与自然对抗,而是将土地和土地上的一切循环更替视为神圣之物,以大自然的管理者自居。从本质上而言,他们的宇宙观是在几百年的文化适应过程中沉淀下来的,经过适应变通,祖祖辈辈的雅基人因此获得理想的生存机会。

然而,全世界的大变革彻底改变了他们的生活。西班牙人突进式地征服了现在的墨西哥地区。1519年,阿兹特克帝国的南部防线崩溃,马匹和新的贸易品随之涌入,打破了数千年的相对稳定。16到17世纪,瘟疫蔓延,当时最偏远部落的居民生活发生翻天覆地的变化。据丹尼尔·雷夫(Daniel Reff)统计:"1591至1638年间,新西班牙西北部约三分之二的传教人口死亡;其中包括约20万左右的本地皈依者。"[28]虽然这些数据来源于当地的传教团体,但在传教士和西班牙人进入这里之前,疾病就已开始肆虐。事实上,抵达墨西哥雅基地区的第一批耶稣会士安德烈斯·佩雷斯·德·里瓦斯(Andrés Pérez de Ribas)和托马斯·巴西利奥(Tomás

Basilio）报告说,在西班牙人到来的几年前,一场天花就已夺去多达两万雅基人的生命。

爱德华·斯派塞[29]指出,雅基人第一次与西班牙殖民者遭遇大约在1533年。[30]此后的84年间,西班牙人始终没能征服雅基人,雅基人非常骁勇善战,善于防守,多次击退西班牙人的进攻。里瓦斯初期在新西班牙传教时记下了很多具有民族志意义的细节,他写道:"雅基人从不与玛雅人或任何其他部族来往,他们的残暴令人畏惧,也让他们变得孤立。"[31]最终在1617年,以耶稣会士传授先进的农耕技术为条件,雅基族答应如果西班牙人停止进攻,他们就接受耶稣会士在他们的土地上传教。[32]里瓦斯表示,传教士受到雅基人的热烈欢迎,很快将后者的80个村落整合为8个村镇。接下来在耶稣会存在的120年间,两者维持着相对的和平。

可惜传教并非易事! 传教士并没能给雅基人带来多少改变,甚至只能消极地接受谈判结果。雅基人非常独立,天生勇敢善战,始终在抵抗西班牙人的征服企图,[33]无怪乎他们在前殖民时期有如此强烈的身份意识。的确,他们从来不是一群好说话、易统治的人;里瓦斯说,一开始他惊骇于雅基人"举止如此粗鲁,和其他部族不温不火的印第安人完全不同"。雅基人确实人如其名,是一群"声如雷霆之人"。[34]

因此,我们认为,在与欧洲人接触之前,雅基人的民族自豪感、有序的组织和强大的民族力量已经传承几百年。进入17世纪之后,这个民族却遭遇真正的危机。当时瘟疫肆虐,西班牙人虎视眈眈,雅基人与其他部族争端不断,还要维持耕种保证收成,以及政权的有序运行。各个酋长领导之下的村落也面临着争夺领导权的问题;

而且,正如雷夫指出的,疾病和战争已经夺去许多主要首领的生命。[35]
那是一个充满巨大变化和不确定性的时期,也给耶稣会士带来机
会。在这样的背景下,1617年他们来到雅基人的地盘上开始传教。

　　雅基人信奉萨满,有各种各样的通灵者,包括巫师、灵疗者和
舞者。[36]保持宇宙平衡的核心是"男/女药师",[37]据里瓦斯回忆,雅
基人有很多女药师,在部族里拥有极大的权力。[38]雅基人认为这些
预言家和通灵者是人与神交流的中介,他们之所以容易接受耶稣会
的宗教和灵魂观念,是因为后者与他们信奉的萨满有契合之处。和 43
西班牙侵略者不同,独身的耶稣会士身穿黑色长袍,佩戴十字架,不
带武器。雅基人特别尊重妇女儿童,耶稣会士留意到这种平等观念,
因此也"对男女一视同仁,让女性在新的教会组织中活跃起来,对
儿童也像对成人一样尊重"。[39]因此,无论是在姊妹会、兄弟会,还
是在其他联谊会和唱诗班中,耶稣会都把举行仪式作为核心环节,
以便吸引其他不信教的人。[40]

向雅基人传教

　　佩雷斯·德·里瓦斯撰写的《神圣信仰的历史:如何战胜新
世界最野蛮、最残暴的民族》被视为早期在新西班牙传教的典范之
作。他是第一批到锡那罗亚部落传教的耶稣会士,通晓多种印第安
方言。[41]这位颇有天赋的作家、音乐家和组织者在书中讲述了自己
差点被杀的恐怖经历和诸多"辉煌成就"。他将最开始的80个印
第安村落合并为8个大的村镇。到1623年,有3万雅基人接受了洗
礼。到1645年,雅基人的节庆活动中已经包含演奏管风琴、合唱、

小号、小提琴、双簧管、长笛和舞蹈。他建立的这个宗教-政治秩序是由印第安人主导的,看守教堂和担任导师的都是本地人。[42]

雅基人相信"早在西班牙人之前,耶和华就已降临此地……他治愈了他们。因为耶和华拥有的神力,所以雅基人称他为大导师"[43]。这无疑体现了土著信仰和天主教的融合。还有一个有趣的细节是,里瓦斯第一次来到这里时看到所有人都戴着十字架,内心无比感动。[44]

耶稣会和印第安人第一次相遇就已形成某种相互结盟、相互适应和理解的文化关系,这是两者关系的重要特征。不过,虽然实践证明它在一定程度上获得成功,但有时也不难看出传教士仍试图在思想上同化他们。

耶稣会和雅基人合作建立八个印第安村镇,这一过程中雅基人的宗教结构也逐步整合为四个"崇拜对象"或四种祭祀仪式。斯派塞认为这些祭仪是按部落领土来划分的,每个部落都有代表部族历史的神话。[45]这些崇拜对象——大导师(耶稣)、圣母(土地)、往生者和瓜达卢佩(与狼族相关)[46]——强化了雅基人的民族意识。传教士努力证明自己与西班牙侵略者不一样,这无形中让雅基人更加相信自己是这里土地、水和资源的唯一享有者。统治者派出耶稣会士的初衷是将雅基人西班牙化,而后者却教导并鼓励雅基人反抗西班牙世俗政权。[47]

短短120多年间,雅基飞地繁荣发展,成为耶稣会在传教、艺术和教育中最丰硕的成果。耶稣会与雅基人联合开办的学校设立了艺术和语言课程,包括拉丁语,还推荐成绩优异的学生到墨西哥城的大学去深造。[48]他们强调人的创造力,鼓励个体独立,这在等级

44

森严的教会体系里是不多见的。

17和18世纪,耶稣会建立了一系列传教区(*reducciones*),[49]试图通过社会和教育改造使雅基人在灵魂上皈依。反对教会的启蒙思想家如伏尔泰、孟德斯鸠和夏多布里昂等人将耶稣会的成就视为"人类的胜利""人类最美好的成就之一""宗教和人性"[50]融合的典范,但耶稣会由此壮大的势力却对教会和国家构成威胁。波旁王朝统治欧洲后,因为耶稣会不肯配合奴役印第安人而对其大为忌惮。1767年,西班牙宣布驱逐耶稣会,要求在新西班牙的耶稣会离开。很快,牧场主和矿工开始侵入雅基人的土地,然后他们经历了被奴役、驱逐、同化和破坏的一段历史,在接下来的300年间始终受到镇压。[51]

雅基人被奴役和流放

墨西哥政府曾多次试图占有雅基人的土地,让当地人融入墨西哥文化,却一直遭到抵抗。史蒂文·卢茨(Steven Lutes)不无戏谑地写道,"雅基人非常地有主见"。[52]对此墨西哥政府领教过不止一次,1740年雅基人发起动乱,1824年又爆发因征税而引发的暴乱及大旗暴乱(1824—1832)。[53] 1852年和1857—1876年间,因为当局试图征服他们,雅基人再次与墨西哥人发生冲突。1863年法墨战争期间,雅基人利用学到的军事方法又发动另一场叛乱。当然雅基人也为此付出惨痛的代价:很多人被活活烧死,或被迫到矿山和种植园做苦力。[54]

接下来的几年,一直到1901年,由企图迫使雅基人割让公共土地引发的冲突不断。为维护雅基人自治的权利,当时的一些大首领

45

71

如卡杰米（Cajeme）和特比亚特（Tetbiate）曾发动大规模的起义，这些领袖被处决之后，墨西哥进一步巩固对雅基人的统治。不过，后来双方的斗争仍此起彼伏。1906年，该地区的总督拉斐尔·伊萨瓦尔（Rafael Izábal）发动恐怖屠杀，许多雅基人被杀害，活下来的大多数被驱逐到条件恶劣的尤卡坦半岛工作。由于无法忍受奴隶集中营的悲惨生活，许多雅基人设法逃到亚利桑那州和西马德雷山脉一带，但还是有超过半数的雅基人被流放到劳改营。虽然雅基人的抵抗一度受到有效镇压，但他们从来没有放弃过抗争。

这个印第安人部族之所以能有效地组织和抵抗同化，是因为他们有一个"政治、军事、宗教合一的组织"[55]，以"酋长、战争统帅和教堂守卫为中心"[56]。这一组织体系体现了前文提到过的雅基人早期与耶稣会接触时形成的文化融合，在雅基人的民族意识结构中占有极为稳固的地位。1890年左右，为躲避墨西哥政府的镇压，一群雅基人来到如今菲尼克斯附近的"西部运河"地区。方济各会修士卢修斯帮他们争取到四十英亩土地，形成现在的瓜达卢佩村。值得注意的是，瓜达卢佩村历史上始终是由导师和酋长来领导雅基人。[57]正是在这个村落，我们通过参观调研获得雅基人生活现状的第一手资料。

21世纪的亚利桑那州瓜达卢佩村

21世纪初亚利桑那州的官方语言是英语。据报纸报道，现在还有联防队员在墨西哥边境巡逻，阻止"外族人"进入这片土地。在菲尼克斯，悍马、捷豹、保时捷和宝马遍布大街小巷；这座城市到处是游客，到处是财富，到处是后工业社会的各种设施，物质极大丰富。然而，就在这座城市的郊区，离大学不远的地方就是瓜达卢佩村。下了州际公路，开进神父大道，你会突然进入一个完全不同的世界，更缓慢、更古老的世界。在这里你可以看到小商铺、泥土路、土坯房和小木屋，街道上有鸡和狗在追逐。这里的人不说英语，所有的街道和道路都通向长满杂草的泥巴广场，广场一侧是雅基人古老的神庙，另一侧是新建的瓜达卢佩圣母教堂。

　　这块文化飞地并不难找，外围甚至有一个很大的"欢迎"标志，但要真正融入当地人的生活环境却并非易事。比如，珍妮特·罗德里格斯曾计划在这里进行两年多的研究，一直没有得到许可，后来特德·福蒂尔委托他的朋友戴夫·迈耶斯（Dave Meyers）神父帮忙才最终成行，他是两百多年来第一位回到雅基人中间工作的耶稣会士。迈耶斯神父解释说，雅基人不仅受到墨西哥和美国政府剥削，不断涌入的社会科学家也将他们视为可以榨取的资源。他们来到村里，想办法搞到需要的信息，然后就公布他们的发现。他们不止一次地泄露雅基人的秘密，辜负当地人的信任，反正把事情搞得一团糟。所以迈耶斯神父一直告诫我们不要用他的名字作为进入社区的敲门砖。"在雅基人的地盘上调研时，请不要提及我的名字。"他在给我们的信中写道，"我自己都难以确定是否归属此地，雅基人向来忌讳外界的干扰。我的职责是尊重他们的传统，而不是指手画脚。我在这里服务了三十年，我有我由衷的信念，请你们不要利用这些。"最后我们收到邀请函，但要求加入他们的祈祷和其他活动。

　　我们收到的邀请函上写着"加入我们，一起祈祷"。在西方的文化传统中，祈祷有着固定的时间和特殊的礼节仪式，例如由谁主

46

持、仪式环节、地点,因此雅基人的这种邀请对于在这种传统之下长大的人颇有点令人不安。在西方主流文化中,神圣和世俗、宗教祈祷和日常工作之间有着非常明确的界限。但后来我们才了解到,雅基人说"来祈祷吧",只是代表来这里生活、走路、闲聊,融入当地人的日常生活节奏。无论是工作、社会交往、家庭关系,还是那些正式或非正式的信仰,雅基人生活中的一切都显示出他们独特的思想观念,这是几百年来保留至今的传统。

雅基人的记忆在不断传承的过程中始终具有强大的凝聚力,其中的因由我们将其归结为"保密"传统。在维克托·特纳(Victor Turner)解读象征符号的经典文本中[58],在提供本土文化信息的线人的帮助下,借助分析、观察和其他方法,特纳破解了恩登布人(Ndembu)各种仪式的意义和相互关联。对于一代代按照结构人类学观念接受学术训练的社会科学家来说,似乎社会中最神奇、最隐秘的领域都是可以分析和诠释的。以这种方式揭开文化的面纱并诉诸学术论文,是将相关知识简单化了。在他们看来,这无非类似于左右脑各司其职,将此转化为彼,但在诠释的过程中,那些特殊的、细微的、独一无二的文化意义却在无形中沦为明码标价的商品。越是意识到这一点,我们越是相信有些"词语"的意义是我们永远无法领会的。因此,我们虽然参加了雅基人的仪式,却不能也不愿去记录或是拍照。

在12月12日的瓜达卢佩圣母节庆典中,我们第一次体验到雅基人记忆的延续方式。自佩雷斯·德·里瓦斯于1617年第一次进入雅基河地区以来,部落的导师就一直承担着领导部族的任务。部族的导师比尔亨(Virgen)一家负责组织圣母节庆典仪式。和我们遇到的所有雅基人领袖一样，他们在家说雅基语，和其他人说西班牙语，工作时说英语。这种存在亲疏之别的语言能力有几重作用：使他们能够与亚利桑那州和西南部更广泛的雅基人社区保持联系；使他们在与墨西哥人交往时能进退自如，这是他们在过去一百多年中得以生存的关键；还使他们能与主流文化相连，获得带薪工作和基本保障。然而，和其他文化族群一样，雅基人在家里优先说当地雅基语，这能确保本民族独特的知识只在家族内部流传。外人听不懂，因此可以更好地保守本族的秘密。

源于民族传统的"导师"在当代雅基人的生活中仍然扮演着非常重要的角色。在耶稣会士重新回到雅基人中传教之前，以及墨西哥神职人员被禁止进入的这一时期，雅基人的各种宗教仪式都是由导师主持或组织的。在瓜达卢佩圣母的纪念庆典上，导师带领大家吟唱，有着悠久历史的女性唱诗班也跟着应和。听着他们吟唱，我们意识到这些用古拉丁语写成的圣歌源于古罗马的祈祷书。随着仪式的继续，我们听到神庙门口有跳舞的铃声在叮当作响，那是一群老少皆有的男性组成的玛塔钦舞者在门外的广场上向圣母宣誓，每一首圣歌结束他们就伴着赞美诗起舞。

雅基人的庆祝活动不是一小时或一天，而是超过四天，期间人 48 们也会聚集在家里一起享用食物。当年圣母是在墨西哥城外的特佩亚克山下向胡安·迭戈显灵的（1519）*，所以人们在当地重建了一座圣山。人们聚集在这里在过夜，不断地祈祷、吟诵、跳舞，等待

---

* 前文根据《传述录》记载的显灵事件发生在1531年，此处的1519年疑有误。——译者

黎明的到来,迎接圣母现身。庆典当天,有德行的信徒组成的游行队伍轮流抬着瓜达卢佩的圣像穿过城镇,来到各家里接受拜祭。人们接连数天聚在家里庆祝,那些跳长老舞(老人模仿森林中的动物)、玛塔钦舞和著名的鹿舞者更是彻夜不停地跳着。其他雅基人社区的人也会来参加活动。满地铺着木炭,在寒冷的冬夜温暖着人们。穿黑色长衣、戴黑色帽子的人在静静地守卫着这一切;他们是狼族,雅基人传统中圣母的守护者。

　　庆祝活动组织得井然有序,人们各司其职,实在令人惊叹。参加庆典的人像军人一样有明确分工,他们有条不紊地准备食物,一起分享,举行仪式,唱歌跳舞。1582年,阿隆索神父(Fr. Alonso)在给上级教会的信中写道:"印第安人组织圣礼的能力远远超出教廷的想象。"[59] 500年后,我们再次见证雅基人的神圣时刻,见证他们重新创造时代的时刻。通过仪式,人们找到理想中的自我,由个体凝结为整体,体现出共同的价值观念。

　　无论从哪一方面而言,雅基人庆典所体现的价值观都是非常有意义的。凯瑟琳·桑兹(Kathleen Sands)用"神话创造"来形容这种"以彰显本民族文化来适应陌生的异域环境和缓解文化冲突"[60]的方式。例如,纪念瓜达卢佩圣母的庆典是按照墨西哥人的方式来举行的,但在很多方面仍保留雅基文化的特征,体现出雅基人对西班牙和墨西哥文化霸权的抵抗。因此,将一个复杂的神话系统进行改造,使之在某种程度契合统治者的文化,同时又不至于被其吞噬——这是一种具有创造性转化意义的仪式行为(dromena)。这种转化源于雅基人的历史记忆,并且与关乎雅基人身份认同的政治、宗教、领土自治权等问题有密切联系。因此,在当代重演瓜达卢佩圣母故事的神话具有双重意义：一方面，它和在墨西哥流传的瓜达卢佩圣母故事具有一致性，另一方面，通过重述圣母故事，当代雅基人像祖辈一样将政治和宗教再次拧合在一起。对此谢里登的话可谓一语中的，"宗教和仪式界定了雅基人的身份"[61]。 49

　　那么接下来的问题是，一旦将抵制同化的手段公之于众，让外人轻易知晓，雅基人的文化自主权就会受到侵蚀。抵抗同化和维持身份是雅基人代代相传的重要传统，所有人都要遵从。"在围绕着土地权和政治自治等问题展开的斗争中，抵抗试图同化他们的主流文化始终是核心问题……即使在整个19世纪他们都面临着被分裂和被驱逐的困境，但雅基人从未丧失过他们的信念。"[62]当我们整夜坐在雅基人重建的圣山下或神庙里，又或置身于广场上彻夜舞蹈的人群中时，这种感觉非常明显；雅基人从未与那些古代村落、森林里的动物和祖先的精神失去联系，这一切仍在他们仪式化的生活祈祷中不断回响。

瓜达卢佩村的复活节仪式

　　对于研究西南地区的学者来说，雅基人庆祝仪式是众所周知的盛大活动。通过祖辈传承下来的组织形式和秘密宗教团体、联谊会，仪式几乎原封不动地保留了400多年。和瓜达卢佩圣母仪式一样，这也是雅基人"去墨西哥化"，实现集体身份认同的方式。复活节仪式包含着雅基人长久的历史记忆、古老的文化秘密，以及对自我身份的确认。1886至1906年期间，雅基人的复活节仪式曾被迫中断，最终还是得以恢复。[63]当时因为受到压迫、流放和奴役，雅基人没有资金和时间来组织举行相关庆典。但到了1906年,从亚利桑那州到墨西哥的雅基人乡镇都开始恢复举行传统的复活节仪式。麦圭尔指出,"在文化上,当代雅基人始终坚持他们极为繁复的仪式传统。即使要耗费很多人力、时间和金钱,雅基人仍乐此不疲"[64]。此外,即使是前文提到过的最熟悉雅基文化的民族志学者斯派塞,在尝试解释雅基人的复活节仪式而不得其解后,也曾坦言:"我不知道如何解释它。"[65]

50 虽然可能与16世纪的欧洲复活节存在某种渊源,雅基人的复活节仪式和欧洲某些地区那种充满狂欢气氛的复活节完全不一样。[66]它的筹备过程相当冗长,组织、开会、私人宣誓和其他雅基人村落共同协作,在受难周之前的40天更是要举行大量的祷告和敬拜活动。复活节是"整个族群一项神圣的事业……[也是]对过去的延续,为了纪念那些雅基河和索诺拉河畔生活的先人,还有那些最开始受命于耶稣的长老们"[67]。庆典唤起了本族导师的神话,耶稣会前来传教之前他已经在雅基文化中占有重要地位;还有唱歌树(jomi muli),早在西班牙人给他们带来洗礼仪式之前,就用于涤荡灵魂。[68]

我们在瓜达卢佩村参加过很多次雅基人的复活节仪式。每年我们和雅基人一起过复活节时深受他们的热情感染,但也觉察到和他们之间存在非常真切的隔膜。能和雅基人一起跳玛塔钦舞的迈耶斯神父也承认,他花了二十多年的时间才开始融入这一群体。有关复活节仪式的角色、职能、组织运作方式没有任何书面记载,更不可能发布在网站上。这些传统仅仅依靠最原始的雅基语口耳相传,通过血亲和姻亲家族,以及秘密团体、联谊会传承。雅基文化和墨西哥及美国文化最大的差异在于,他们文化中那种非常繁复的仪式,以及这些仪式与雅基人社会的千丝万缕的联系。其中非常典型的就是鹿舞和复活节仪式。

这些仪式对雅基人非常重要。菲尼克斯附近雅基人的雇主们都知道,整个圣周(从圣枝主日到复活节的一周)他们是不会来上班的。如果不能离开工作岗位,他们甚至会直接辞职。因为这是体现雅基人的思想观念和需要履行誓言的关键时刻。[69]此外,来参加仪式的游客也必须遵守禁忌:不得拍照,不得做笔记,不得录像、录音。雅基人希望每个来的人都参与进来,而不只是旁观。此外,雅基人相信仪式是对过去真实生活的再现,试图在特定的时间模式(相机快门)下捕捉它会招来厄运。参与者必须沉浸在圣枝主日对耶稣此起彼伏的祷告之中,去呼吸、去感受、去听,去体验耶稣被俘、受难、献身和复活的过程。和其他被改造过的仪式行为一样,雅基人的复活节仪式和一般的基督教仪式完全不同,充满了本族的文化色彩——这一特征源自雅基人的自我认同,同时又赋予他们的身份认同意义。

复活节仪式的仪式角色大致分为三大类:

1.毁灭的力量

a.法利赛人:佩戴红色小旗,这些成年男子和男孩代表法利赛人,即耶稣的敌人。

b.军官:戴着帽子,手持白色木剑,其中一部分是旗手;彼拉多,代表本丢彼拉多;队长;中士;奏笛手;鼓手。

c.长鼻士兵:戴着怪异面具的普通士兵,代表反对耶稣的邪恶势力。扮演者嘴里叼着念珠,不停地祈祷,以驱逐这类人物所代表的邪恶。

d.卡瓦列罗斯骑兵:维持秩序的罗马骑兵,在耶稣受难日之前听命于法利赛人。

2.善的力量

a.领唱者:祈祷和圣歌的领唱者。

b.圣坛妇女:主要职责是装饰圣坛,引导人们移动排列各种雕像。

c.维罗妮卡:扮演维罗妮卡的年轻女性。

d.班德拉斯:旗手;未婚年轻女性。

e.天使:代表天使的年轻男女,由教父或教母陪伴。

3.舞者

a.玛塔钦舞者:宣誓保护圣母玛利亚的舞者。

b.长老舞者:受尊敬的长者。

c.鹿舞者:雅基人一种非常古老的传统舞的舞者。

从圣灰星期三到圣枝主日,雅基人每周至少要花30小时用于准备仪式、冥想和预备庆典。无论老少,男人们通常整个周末都会在广场上工作、冥想、为复活节做准备;他们的家人会送饭过来。在圣周期间,雅基人会花70多个小时来举行庆典和相关活动。当地一座同时向墨西哥人和印第安人开放的雅基教堂出版了一本小册子,介绍仪式的日程、大致含义和其他信息。这本用英文出版的小册子旨在帮助来参加当天活动的游客。圣周期间,雅基人大部分时间都必须保持沉默,安于职守,履行他们的神圣职责,因此他们与外人几乎没有交流。

耶稣受难日仪式那天,我们第一次参加穿过各个纪念站点的游行时感觉很怪异:你似乎很受欢迎,但这一切又仿佛与你无关。人们顶着正午的烈日聚集在一起,穿过代表耶稣被捕、审判和死亡的14个站点。不允许戴帽子和太阳镜,也不允许喝水或吃东西。在长达三个小时的过程中,参与者大部分时间都跪在尘土飞扬、被晒得滚烫的路面上祈祷。游行队伍非常庄严肃穆,在村子各站点停下来接受敬拜。无论男女老幼,所有人都要参加,态度庄重、专注和虔诚,和我们在墨西哥城看到的游行很不一样:那里神父会带领队伍前进,在每个站点都充满激情地大声布道,人们也会分享水和食物,一起交谈分享感受;而雅基人的游行则如我同事所说,"有点恐怖,让人难以融入"。

这些仪式重现了雅基人对苦难的真切记忆。我们非常希望能够打破沉默,深入采访这些参与者。我们原本想和法利赛人与长鼻士兵的扮演者谈谈,让他们把那个古怪的面具(他们花了将近一年的时间制作,然后在复活节仪式的高潮中抛进火里烧掉)送给我们。可是,沉默很难打破;我们受邀来吃晚饭,能聊的话题也仅限于讨论天气和孩子。雅基人的夜间营地是外族人的绝对禁地。鹿舞者和其他舞者一样,一周每天24小时都在忙着为圣周做准备。

深夜,偶尔会有个别明显不是印第安人的年轻人或中年人向我们走来。这些人想引起我们的注意,和我们攀谈,但说辞总是大同小异,说自己"曾经"是舞者,现在则不是了;原因也无非是因为无法戒酒。喝酒或吸毒的人不准参加宗教仪式。这些人被排除在雅基人现实生活的外围,只能漫无目的地闲逛;与此同时,400多名雅基男子正在通宵达旦地跳舞,整整七天都是如此;还有500多名男子则在寒冷的沙漠之夜裹着毯子守卫着他们。

在广场远处的另一端,神庙内外热闹非凡,人们昼夜不停地忙碌着。要为参与者提供食物,要清洗雕像,还要为仪式准备祭坛。

53

然而,神庙旁边的天主教堂却冷清得不可思议,除了日程表上的开放时间,一直大门紧锁。一位雅基人告诉我们,天主教堂主要面向社区中的墨西哥人开放,他们也会去,但真正有归属感的地方是在这里,在广场上,在他们自己的神庙里。

有一次在守夜活动后,一位玛塔钦舞者邀请我们参加他为伙伴和家人举办的聚会。女人们在神庙前支开小桌子,摆上炸鸡、炸土豆、土豆沙拉、面包,还有满满一冰柜的无酒精饮料。参加聚会的有30多人,最后一个环节是做弥撒。在弥撒上,人们向主人和他的家人表示感谢,感谢他们的慷慨,并祈祷祝愿所有舞者始终保持力量。事实上,请客也是一种慷慨的行为,因为主人不得不加班赚钱来提供盛宴,与同伴们分享。这是雅基人很看重的古老习俗:要分享财富,要慷慨大方。在本质上,它也是雅基人价值观念的缩影:为集体努力干活,分享你所拥有的,生活中到处都需要祈祷。

最后的反思

我们有幸与雅基人同出同进,一起祈祷很多次,但不能讲述更多细节。我们见过雅基人的舞蹈及为此的种种准备。很多个夜晚,我们和雅基人一起守夜,但我们也不能叙述更多。我们听过雅基人独特的吟唱、为舞蹈伴奏的优美音乐,听过水鼓低沉的敲击、舞铃的叮当作响,但是我们不能记录下来给你们看。即使我们可以,你也无法感受到寒夜的冷风,感受到微弱的炭火在沙漠干燥的空气里带来的暖意,无法体会复活节之前斋戒六个星期是什么样的感觉。我们不能,因为我们不能像复述引人入胜的戏剧或小说一样,把这些

54

经历讲给你听。理解作为一个"祈祷者"在雅基人的生活有何意义，这才是最重要的。事实上，如果我们描述雅基人日常的各个方面并以一种逻辑清晰、条分缕析的方式来加以解释，你们就错过了体验的核心：那种足以抵抗同化和种族文化灭绝的文化秘密的力量。

对雅基人这个索诺拉的雅基河畔高度自治的印第安部落来说，500年所经受的压迫和大屠杀是不容遗忘的，仍然存在于他们的仪式、庆典之中，存在于他们复杂的文化记忆中。1617年耶稣会士来到这里，希望在这里种植小麦、养牛、养猪，希望用欧洲的生产模式同化印第安人。但他们很快发现这里更适合种植玉米、豆类和南瓜，连祈祷方式也不得不改变。通过适应、接受和理解雅基人的通灵观念，通过顺应土地、水和动物的生息节奏，通过习惯雅基人的亲缘关系，他们变成了扎根于现实生活的祈祷者。

正是通过一种沿袭至今的秘密团体和仪式，雅基人形成了具有文化适应力和身份凝聚力的文化传承方式。所谓秘密，就是雅基人必须通过母语才能理解自己与索诺拉河畔那片祖先发源地的联系，就是以族群的亲缘力量去抵抗和忍受种族灭绝的可怕威胁，就是有义务身体力行地参与各种仪式活动。因此，雅基人是在邀请我们去体验一种深刻的世界观：它适应和熟悉主流文化，但也始终在抵抗后者的同化。此外，这个案例对21世纪的我们具有重要的启发意义：在面对个人主义和资本主义的冲击时，族群如何保持政治和精神上的自主性。在这方面，雅基人带给我们很多启示，他们的记忆始终强调民族的归属，并在传承这一记忆的过程中体现深刻的民族智慧。成为雅基人，就意味着与索诺拉河畔神圣的村落相连，并让那些记忆始终鲜活如初。

第四章

叙事的力量：与穷人并肩的奥斯卡·罗梅罗大主教

文化记忆的当代演化：一项个案

　　1980年3月，一个春日凉爽的早晨，在萨尔瓦多共和国的圣萨尔瓦多市，一位神父在教会医院的圣堂主持弥撒。这是例行的简单仪式，管理这个城郊医院的修女们每一天都是这样开始的。大门和往常一样敞开着，圣堂里充满了花木的清香、鸟儿的鸣叫及和煦的阳光。这座小山顶上的小教堂仿佛一块飞地，为这个被残酷的内战摧毁的国家提供了一小片绿洲。颂过福音，圣餐备好，神父拿起薄脆饼祝谢，说："请享用吧，这是我的身体，为你们舍的"，一颗子弹射入他的心脏，鲜血四溅，圣坛和教堂的地板上满是血迹。大主教奥斯卡·阿努尔福·罗梅罗被暗杀了。具有讽刺性的是，他惨遭杀害反而激起萨尔瓦多人民反抗压迫更大的决心。

　　在一首名为《罗梅罗大主教，人性栖息之地》的诗中有这样一段话：

　　　　众民哪，你侧耳倾听，
　　　　我唱给你们听——

他们杀死的这位伟大的先知

值得我们铭记。

他是天下众民之子,

他是挚爱民众的先知。

他宣讲福音,

他救赎你我。

56　　今天,圣阿努尔福·罗梅罗,你是我们的牧人,萨尔瓦多人民永世不忘之人。

那些深陷流沙之人杀你,因为真理在你口中,

为了让你缄默,他们杀害了你。

这个国家的人听了你的布道,

听你宣讲解放,他们才看到了希望。

今天,圣阿努尔福·罗梅罗,你曾在这把椅子上呼吁

要让所有穷苦民众获得解放。

这个国家的刺客之中,最坏的是刺杀您的罗伯托·达比索罗 [达比松],

用一颗子弹结束了您的生命,我们的神父罗梅罗。

您这伟大的先知罗梅罗。今天,我们纪念圣阿努尔福·罗梅罗。

现在距离罗梅罗被暗杀已经过去27年。本章我们要讨论的问题是,叙事、故事、歌曲和诗歌如何体现文化的变与不变,文化如何自我重塑并与传统融合。在这个案例中,我们关注的是关于奥斯卡·罗梅罗生活和启示的叙事是如何在至少两代人之间传播的,以

及这种叙事产生了什么样的力量。关于罗梅罗的叙事是萨尔瓦多文化记忆中意义重大的关键要素，叙述了什么、如何叙述也是我们要探讨的内容。

20世纪80年代，萨尔瓦多爆发残酷的内战。20世纪70年代初，由于无地、贫困、失业和人口过剩，民众不断示威、抗议和罢工。1972年，中间派人士何塞·拿破仑·杜阿尔特（José Napoleón Duarte）当选总统，但随即被军方逮捕并流放。而后军政府成立。和前几任总统一样，军官卡洛斯·温贝托·罗梅罗（Carlos Humberto Romero）上台后实施的也是残暴的军事统治，以政府名义资助敢死队来消灭异己。1963年毕业于赫拉多·巴里奥斯陆军上校学院的罗伯托·达比松（Roberto D'aubuisson），召集他的同学和下级军官，发动改革派政变，推翻罗梅罗的军政府统治。受到1979年尼加拉瓜革命的鼓舞，萨尔瓦多人民发动武装起义，反对政府镇压和敢死队的暴行。这次起义的直接导火索就是1980年3月的大主教奥斯卡·罗梅罗遭暗杀事件。由于担心尼加拉瓜革命重演，美国在1980至1992年间向萨尔瓦多军队投入50亿美元。1984年杜阿尔特再次当选总统，让这个国家看起来似乎"民主"了一点，但实际上政权仍完全掌控在军方手里。 57

尽管美国提供了大量的军事援助，内战局面在整个1980年代仍然处于僵局。1989年，法拉本多·马蒂民族解放阵线（Frente Farabundo Martí para la Liberación Nacional，FMLN）[1]针对敌方的军事区、发电站和其他战略目标发动大规模进攻。11月16日，与政府结盟的敢死队在圣萨尔瓦多由耶稣会管理的中美洲大学杀害了六名耶稣会成员、他们的管家及其女儿。尽管此前已有8万多名男子、妇女和儿童"失踪"、遭遇谋杀或监禁,但这次对耶稣会士的暴行引发更强烈的世界舆论,政府镇压平民的行为有所收敛。

在国际舆论的反对浪潮中,1990年,由军方支持的政府被迫参加谈判来结束内战。1992年1月,《和平协定》签署,内战正式结束。《协定》规定要全面推进经济、司法制度、土地改革、选举改革,起诉侵犯人权的行为。按照协定要求,联合国在该国驻留观察团以监督协议的执行情况。由于萨尔瓦多从来没有过真正的改革,改革措施的推行不尽如人意,《和平协定》中相关条款真正落实到位的非常少。在70万有资格获得土地的人中,实际上只有3.5万人分到一小块土地,还不能享有所有权。合作社和中小型农场债务沉重。农村地区的社会压迫现象屡禁不止。这就是关于罗梅罗大主教的记忆产生的背景。

《和平协定》签署之后十年,联合国观察团撤出,大部分改革仍未完成。战事平息后,萨尔瓦多不再受到国际关注,国际监督恢复真空状态。大多数萨尔瓦多人的生活一切如故:极度贫困、失业、没有土地。大约60%的土地集中在2%的人手里。

58 萨尔瓦多的国土面积与马萨诸塞州差不多,人口却高达550万,是中美洲人口最密集的国家,平均每平方公里有238人。仅1996年,萨尔瓦多就发生了8000起凶杀案和26,000起暴力伤害事件,是拉丁美洲最暴力的国家。而政府和敢死队也还在继续暴力统治。

在萨尔瓦多,暴力并不是什么新事物,其根源在于自殖民时期以来社会中根深蒂固的体制暴力。萨尔瓦多的政治体制完全将组成这个国家的广大民众的利益排除在外,体现的是一种掩盖"现实"的社会观念。因此,这个政治体制会无视大多数人的极端贫困和苦难。

一位先知与圣徒的思想转变历程

1917年8月15日,奥斯卡·罗梅罗出生在圣米格尔教区的穷人家庭。在认识罗梅罗的人看来,他是一个虔诚而害羞的神学院学生,一个热爱思想、愿意献身于知识的人。14岁时,他进入圣米格尔修道院学习,后来在圣萨尔瓦多的耶稣会神学院完成学业。

罗梅罗晋铎之后留在圣萨尔瓦多,以参与慈善活动而闻名。"他从不说穷人的坏话,在政治观念上却虔诚而'保守'。"[2] 1970年他被任命为辅理主教;1977年2月22日,就任圣萨尔瓦多大主教。在萨尔瓦多的主教们看来,他是一位不会惹麻烦或引起争议的候选人,进而将他推荐给梵蒂冈的官员,后者斟酌之后选中他。"对于罗梅罗担任对萨尔瓦多政坛有重要影响的这一职位,政府官员、军事人员和敢死队成员都没有异议。"[3]

罗梅罗开始主教生涯时,萨尔瓦多的耶稣会开始转变立场,公开支持穷人。以正义和解放的教义为基础,他们提出新的神学观念,这一理念在1968和1979年拉丁美洲主教会议后发布的文件中得以具体阐明,其政治导向在各个事工团体和机构中也可以看出。1973年,耶稣会开始实施"穷人优先"政策,从最贫穷的地区招收学生进入中美洲大学(Universidad de Centro America,UCA)学习。

罗梅罗批评了耶稣会制度上的变化,对中美洲大学耶稣会神学家倡导的"政治神学"也表示质疑。作为教会的"引导者",他

59　始终试图保持中立,避免"政治化"倾向。但他没有意识到,沉默实际上也是一种大胆的政治支持。在罗梅罗担任主教的早期,像在许多拉丁美洲国家一样,身为教会高层的他和那些挥舞着不公正之剑的当权者都同属于特权阶层。

　　关于罗梅罗大主教的慈善事业有很多流传广泛的故事,但那一时期他还没被人民视为先知,或为民众发声的人。与耶稣会神父鲁蒂略·格兰德(Rutilio Grande)的友谊和对话为他后来的转变埋下了种子。他们变得非常亲密,罗梅罗就任大主教时曾邀请格兰德主持仪式。神父鲁蒂略就职于阿圭拉里斯教区,向北就是查拉特南戈。这个教区很穷,他勇于为民众打抱不平,组织示威活动,呼吁全新的土地改革,让所有人受益。这些大胆的举动让他闻名全国。正是在与格兰德的不断对话中,罗梅罗开始理解朋友的立场,为什么他将为穷人谋福利视为第一要义。当然,罗梅罗没有立即接受这样的观点,但还是被鲁蒂略·格兰德的正直所感动。

　　1977年3月12日晚,罗梅罗就任大主教几周后,鲁蒂略·格兰德被枪杀,同时遇害的还有一个小男孩和一位老农民。耶稣会神学家乔恩·索夫里诺(Jon Sobrino)在传记里写道,一夜之间,罗梅罗蓦然看清了真相。那一刻,罗梅罗明白了格兰德的立场,他反对什么,他为穷人求福音意味着什么。

　　罗梅罗主持了故友的葬礼。那天他在教堂的布道内容震惊了整个耶稣会和阿圭拉里斯当地的民众。罗梅罗站在鲁蒂略·格兰德的立场上,为他的解放工作、对穷人的声援及对正义的追求——辩护,然后强调要以爱来达成和解。这场萨尔瓦多历史上前所未有的葬礼有超过10万人参加。那一刻,受格兰德对正义的追求的激励,神父和农民站在了同一条战线,共同为追求正义而战。据说,很多人在那一天重获信仰,萨尔瓦多教会也因罗梅罗在立场上的转变而重生。

从这个意义上说,罗梅罗后来遭遇的不测在他转变观念时就已经埋下伏笔。罗梅罗在立场上的转变——他曾与军队首脑觥筹交错,曾批评解放神学的危险性,也曾在很大程度上忽视造成如此多贫困现象的正是社会体制本身——引发了一场真正意义上的革命。葬礼结束后,大主教罗梅罗与穷人共进晚餐,公开反对体制暴力,鼓励人们在上帝的指引下推进社会体制改革。这些为穷人争取利益的行为自然引起当权者的不满,罗梅罗与他们日渐疏远。

19世纪的社会理论家马克斯·韦伯曾指出,真正的社会变革主要通过那些有着超凡魅力的个人来实现。法国社会学家埃米尔·涂尔干也提出,文化的变革可以通过"欢腾"（effervescence）来完成,主要表现在仪式行为。罗梅罗极富感染力的布道揭示了耶稣对穷人深切的爱。他的布道和对穷人的支持对抗无异于对权力的直接质疑,揭开了过去掩藏在宗教面纱背后的阶级压迫的真相。所以,这种转变最终害死了罗梅罗。

我们有必要从两个层面来了解神父罗梅罗生平和记忆的产生的历史-文化语境:历史的和神学的。从历史和地缘政治的视角来看,人们是以信仰为核心,从人类救赎史的角度来理解罗梅罗的故事的。因此,他们通过在故事和轶闻中追忆罗梅罗来纪念他——即使是轶闻,也发生在真实的历史背景中。例如,人们会说"在罗梅罗主持的弥撒上,我记得……"或者"在一次协商会议上,我记得罗梅罗阁下……""当时的历史背景和政治有很密切的关联,历史事件和政治因素相叠加成我们所说的某种'处境'。"[4]

通常萨尔瓦多民众并不直接称罗梅罗为先知,但他们说:"上帝让他看清了现实生活。"他们想表达的重点是,罗梅罗是一个和人民并肩同行的人,不是空喊改革口号的人。事实上,正如下文阐述的,罗梅罗的神话所讲述的是在他改变了看待世界的方式之后,那些曾是他"现实生活"一部分的功名利禄如何变得不值一提。

早在20世纪40年代,曾任圣萨尔瓦多大主教的路易斯·查韦斯·伊·冈萨雷斯(Luis Chávez y González)就为这种转变埋下种子,之前中美洲历史上最严重的起义已经被镇压下去。当时美国海军陆战队奉命进入萨尔瓦多,帮助镇压起义的农民和争取土地权的原住民。很多当地人被杀,当权者通过与北部势力结盟,巩固政权。大主教素来关心穷人,这场恐怖事件之后,他开始推行一系列宗教合作措施,后来发展成有名的基督教基层宗教社群。在活动中,普通民众能一起讨论生活中的现实问题、《圣经》对现实的启发,以及如何处理遇到的不公正现象。事实上,从1970年代末到1980年代初,因为被视为反政府的地下组织,萨尔瓦多的基督教基层社群基本上都在秘密活动,任何与他们有关的人都有很大危险。

如前所述,罗梅罗和格兰德是好友,但他并不赞同某些知识分子把政治和《福音书》牵扯在一起。不过,作为一位学识渊博的学者,罗梅罗对当代《圣经》研究的释经和诠释学方法深为赞赏。好友遇刺,促使他开始思考和践行如何将学院派的学识与格兰德的为民众谋求利益的事业融合。我们在萨尔瓦多考察时的见闻证明,这一时期的罗梅罗已经逐渐成为历史转折点上的领袖人物。他天赋出众,深受穷人爱戴,所以在当权者眼中他比所有武装叛乱分子还要危险。1980年,罗梅罗在比利时鲁汶的一次讲话中表达了他对现实的看法：

> 和拉丁美洲其他地方的处境一样，虽然过去多年甚至几
> 个世纪，《出埃及记》中的话犹在耳边："现在以色列人的哀声
> 达到我耳中，我也看见埃及人怎样欺压他们。"（出 3：9）现实
> 振聋发聩，让我们回到穷人之中，那才是我们栖身之地。现实
> 虽然严酷，但我们不会因此背弃信仰，我们与穷人共同进退的
> 决心只会因此而更坚定。我们发现还有那么多人像普埃布拉
> 会议上公布的那样，穷苦不堪。[5]他们过的是什么生活？农民
> 没有土地，没有稳定的工作，在他们简陋的住所里缺水缺电，
> 妇女分娩时无人救护，孩子长大后没学可上。他们做的是什么
> 工作？工人不享有劳动权益保障，受尽盘剥。还有那些失去亲
> 人的母亲和妻子，被监禁的政治犯。穷人的居所尚不及蝼蚁，
> 附近的高楼大厦应该永远感到羞耻。[6]

罗梅罗与民众走得越来越近，开始积极在电台上鼓励民众，逐 62
渐成为当权者的眼中钉。他的广播布道广受欢迎，以至于他们经常
试图关闭广播电台。正如他在鲁汶向全世界宣布的那样：

> 穷人把教会看作寻求希望的源泉，获得解放的后盾，这是
> 一个新现象。这是上帝对大多数穷人发出的召唤，召唤他们
> 担负起责任，召唤他们团结起来；即使这个国家不容许它们
> 发生，即使受到阻扰，也要支持穷人追求正义，让这个国家康
> 复……总之，教会要支持穷人，更要把穷人放在第一位……在

不到三年的时间里，就有超过50名神父受到攻击、威胁或诽谤。最直接代表教会的人尚且有如此遭遇，不难想见那些普通信徒、农民、基层神职人员身上会发生什么。就在这个国家，成千上万人正在遭受威胁、逮捕、拷打和暗杀。他们都是穷人，是最受迫害的基督徒。[7]

被暗杀之前六个星期，他还发表了一个声明，表示要和穷苦民众齐心协力。几十年来，罗梅罗振聋发聩的声音仍然在唤起这个国家的想象力，激发人们的良知。在这场斗争中人们无法保持中立，因为后果将是一无所有。而且，斗争不可避免，但罗梅罗在任何意义上都不是一个暴力分子。他从来没有鼓动仇恨，没有呼吁武装暴乱。相反，他主张灵魂上真正的悦纳，提倡以信仰之爱为基础推动变革。

尽管当权者指责他是共产党、游击队员，是提供武器的黑势力，但他始终以对社会体系清晰、简明和客观的分析来回应，指出正是社会体系导致的压迫现象使萨尔瓦多穷人不堪重负。他甚至将矛头指向全球化的压迫体系，认为人类前景堪忧：

63

对我们来说，这不是无意义的重复，我们要再次谴责这个国家的罪恶体制。它是罪恶的，而且是罪恶之源：无数萨尔瓦多人因此死去——区别只是死得快还是慢而已，同样是活生生发生在眼前的真实。因此，我们要谴责这个国家那些自封为神的当权人士。财富是上帝创造的，但现在的情况是财产被资本主义制度绝对私有化，国家安全被政治势力所掌控，个体的安全也被政治努力所操弄并成为痼疾（第 4 封牧区信，第 43—48 段［Walsh, *Oscar Romero*, 179］）……穷人教导我们什么是基督徒的爱。它追求和平，但不代表虚伪的和平主义、懦弱顺从和不作为……穷人教导我们基督徒的爱应当宽宏，要为大多数人争取正义，而不是在真正的斗争中临阵逃脱。穷人教导我们，只有他们从政府或教会得到荫护时，只有他们亲自加入争取解放的斗争时，只有当他们真正看清虚伪的家长式统治甚至是教会统治的最终根源时——他们才能获得解放。[8]

任何认识罗梅罗的人都不会把他看成激进分子或暴乱分子。事实上，学院派的书卷气和保守主义的立场正是他成为大主教的原因。此外，在他为穷人发声的三年里，他越来越平和，需要用更多的时间来独处和祈祷。读他的布道，人们可能会把他想象成像卡斯特罗那样狂放不羁的解放者。但这绝不是真正的罗梅罗。他由保守主义神学转向解放神学，其间经历内心的挣扎和痛苦，那是一个漫长的过程，难以平息。但正如下面这段话表明的，他还是完全投入到解放事业中，希望人民在最终的自由中获得生活的圆满：

> 在社会政治的层面上，道成肉身就是要加深我们对上帝、对耶稣基督的信仰……只有教会涉足万民生死之地，信仰的根本真理才能变成真正有根本的真理。只有这样，教会才践行了……它最基本的信仰：是救人于死地，还是置人于死地？毫无疑问，没有中立的余地。我们要么救萨尔瓦多人于水深火热之中，要么成为同谋将其置于死地。在这个问题上，在有所抉

64

择时，我们面临的是最基本的现实，要么接受上帝的引导去救人，要么被死神蒙蔽去害人……所以，当教会涉足社会政治的现实时，必须为穷人谋求生计，让他们活下去，这不是次要的工作，不是与传教无关的任务，而是在践行对上帝的信仰，是在传播上帝的旨意。那伟大的圣灵，我们的主，赐予我们生命的主。[9]

在发表这番讲话六周后，罗梅罗在做弥撒时遭枪杀。

本章就是从他遇刺的那一幕开始的。在讲述罗梅罗的故事时，传承这些故事的人开始融入这一建构文化记忆的叙事过程中。回忆不只是呈现过去，而是把听者带入故事中，让故事在人们心中重新鲜活起来。最终，这些故事会影响人们的行为，在他们心中形成文化记忆。

我们现在要做的，就是考察象征解放和希望的罗梅罗故事如何在萨尔瓦多的现实生活中折射出不同的光彩。奥斯卡·罗梅罗的话语和行动、他作为榜样的力量在人们的记忆中不断被唤起，激励着穷人去为了争取真正的社会体制改革和真正的尊严而斗争，去抵抗全球化时代金钱和贪欲对人性的侵蚀。

演化中的记忆

为了考察罗梅罗故事的演变，我们多次来到萨尔瓦多采访，采访对象包括城市的各个教区、农村合作社、社区领袖和基层民众。在这个过程中，令我们印象最为深刻的就是人们讲述罗梅罗的事迹时展现的力量，他的故事通过叙述、舞蹈、歌曲、诗歌和仪式，在过去几年里变得越来越深入人心。人们频繁引用罗梅罗的布道和训诫内容与对时局的担忧不无关系:《中美洲自由贸易协定》的签订带来新的问题,他们担心为了确保投资安全,美国军方可能会重新介入本国事务。然而,正如下文提到的,这一现象恰好证明了宗教福音如何与受压迫者和穷人的现实生活相互交织。人们通过对罗梅罗集体记忆的重现体现出对生活的选择性记忆,这就是一个典型的例子。

萨尔瓦多和罗梅罗:合作社

1998年,我们来到萨尔瓦多采访,既为了考察关于罗梅罗的记忆是如何传播的,也想亲眼看看人们如何纪念这位当代殉道者。我们最初的采访对象是在内战期间积极参加抵抗运动的年轻人胡安·卡洛斯(Juan Carlos),他曾在美国流亡过一段时间。战争期间他结交了不少同盟者,至今保持着联系;同时他还是可持续农业运动的重要领导人。这一由当地农民发起的运动旨在抵制高度机械化、燃油化的农业经济,固守当地人的生态观念。正是在罗梅罗的影响下,他逐渐成长为社区领袖。

胡安·卡洛斯说,他9岁就加入基层宗教社群,参与组织活动,12岁时立誓独身,加入游击队。自己很想学习知识文化,但那里没有学习的机会,所以他离开了基层宗教社群。这两段经历让他学会了做人的基本道理。

据他回忆,游击队里的神父对他有很大影响,当时他也帮助他们组织活动。他印象最深刻的是埃斯特万·贝拉斯克斯神父,多年

65

的抵抗运动经验使他具有强烈的团结意识。他主持礼拜仪式,教人读书写字,还组织姐妹联谊会,因为他,很多当初找不到方向的起义团体逐渐团结在一起。对于胡安·卡洛斯来说,神父对他最重要的影响是他始终坚持对土地的牧养,而这恰恰是罗梅罗主张的:重新分配土地、农民拥有土地、发展合作社和恢复土地的神圣性。

战事激烈时,胡安·卡洛斯认为罗梅罗的广播布道可以把希望带给人民,罗梅罗不断谴责当局的暴力镇压,要求他们停止压迫穷人,因此在穷人中获得极高的威望。罗梅罗"有消除恐惧的力量",66 他说,"我们一直生活在恐慌和恐惧中。他的一言一行,他的崇高品德给了我们真正的希望"。罗梅罗的离世并没有带走这种希望和力量,反而"让我们重新下定决心,即使那些来自北方的右翼福音派势力妄图瓦解我们的意志,但基层宗教社群民众始终紧紧地团结在一起"。

《和平协定》签署后,胡安·卡洛斯结束流亡生涯,返回国内,参与了土地改革运动。他对可持续农业经济和合作社非常有热情。在他看来,中美洲合作社的理念实际上是一种本土观念的延续,当初大多受到殖民者的压制。但在整个中美洲,当地人民最推崇的是罗梅罗倡导的教会管理模式——大家共同协作来实现可持续的和平与正义。我们与他交谈时,他说萨尔瓦多大约有50个合作社。他指出,这种教会管理模式目前存在的问题是没有真正把土地分配落实下去,政府也不支持这类合作措施,因此无法应对外国投资者对肥沃土地越来越大的需求量。1998年我们结束采访时,他正要去参加萨尔瓦多、洪都拉斯和尼加拉瓜的农民代表共同组织的地区会议。

2005年,我们访问了两个合作社:吉卡洛和圣塞巴斯蒂安合作社，都位于距离圣萨尔瓦多很近的地区。这个地区的80多家合作社都成立于20世纪80年代，按照罗梅罗的理念来运行，成员都是战争期间被迫离开家乡或失去亲人的居民。

罗梅罗的讲演和人们对他的口头回忆谈到的大多是如何为穷人伸张正义，但人们还自行补充了一项内容：关注妇女权益。在吉卡洛合作社，这种妇女观念的变化格外引人注目。与其他合作社一样，这个合作社制定了开明的性别权利政策，以确保社区所有人的权利。虽然男尊女卑是拉美地区的文化传统，但吉卡洛合作社的妇女们自行组织起来经营小卖店、面包店和玉米磨坊。很多妇女说，她们得想办法赚钱，因为家里的男人会把钱都拿去喝酒败光，没办法供养孩子。她们还组织自学班，学习一些简单的读写和计算技能。她们是怎么想出这些办法的？如何实现愿望的？她们的回答大多是"罗梅罗阁下曾说过……"或是"感谢上帝……"。我们再次体验到了罗梅罗始终存在的影响。 67

尽管吉卡洛合作社的鱼虾产量很高，糖和玉米的收成也不错，却还是很穷。虽然合作社能保证成员间互助互利，子女上学有保障，实现稳定的用水和用地供应，但罗梅罗公开反对的压迫性贫困仍然没有消除，人们缺乏持续的医疗保健，住房短缺，《和平协定》规定的重新分配土地的政策也没有落实，所以他们还得拼命赚钱支付土地款。但即便如此，合作社仍然算得上一个相对安全的地方，充满和平、希望。

圣塞巴斯蒂安合作社位于查尔丘阿帕区，只有一条崎岖的土路通往那里。在这个比较贫苦的地区，处处都能感受到战争的余波。法拉本多·马蒂民族解放阵线政府中的许多人认为该镇在内战期间支持右翼政府,因此当地的民众说他们不受重视,财政拨款也遭受不公平待遇。例如,他们申请粉刷卫生所,得到的经费只够买一加仑油漆。

梅琳达·奎利亚尔(Melinda Cuellar)是这个合作社的公民委员会的负责人,年轻、有头脑、富有活力。她和秘书、财务主管和一名社员一起,带领我们了解合作社的历史和发展计划。财务主管菲德尔告诉我们,1932年时这个地区有35个家庭,都住在干草棚里。当时,萨尔瓦多14个统治家族中有5个控制着这片土地,人们种植玉米、豆类和甜高粱。1963年,当菲德尔来到这个地区时,人们仍然沿袭着这种生活方式。内战期间,民族主义共和联盟(Nationalist Republican Alliance,ARENA)来这里招募国民警卫队的士兵,以"保护"该地区不受起义军的侵犯。最后,到了1991年,因战争而移居别处的人重新回到这里,组成了更大的社区发展协会(Asociación Desarrollo Comunitario,ADESCO),合作社可以向他们申请资金,很快修了路,建成了厕所、学校和公园。

这个合作社距离作为政治和宗教中心的圣萨尔瓦多相对较远,但罗梅罗仍是当地合作社成员的精神领袖。和那些亲眼见过罗梅罗阁下的人相比,他们的叙述明显不同。这里的人回忆起战争期间收听罗梅罗广播布道的场景时,一致认为罗梅罗被杀是因为他为穷人伸张正义。这里确实非常贫穷。村里有很多丈夫外出工作的留守妻子。家里经常没电,老人也经常无人照管。他们的生活有改善吗?我们听到的回答大同小异:"听天由命吧!"他们感觉罗梅罗已经死了,再也没有人为他们说话。

胡安·卡洛斯认为,合作社运动就是要复兴萨尔瓦多本土文化传统。合作社推行互助互利、资源共享和土地公有的政策，但现在它们的可持续性发展面临着罗梅罗所反对的资本主义和私有化的挑战。如果允许人们集体购买土地，他们也无法以合作社的形式支撑太久。其中的关键在于合作社的收入是否足以偿还银行贷款的本金和利息。迫于经济压力，越来越多的工人到国外寻找带薪的工作。而留下来的老弱病残只会继续消耗合作社的资源，加剧贫困。同时，随着自由贸易的开放，越来越多的国外进口商品带来的竞争也对合作运动构成威胁。

在这种情况下，对罗梅罗的记忆是一把双刃剑。一面锋芒毕露，代表着一种维持生计、尊重土地、同心协力为正义而奋斗的协作理想。这是一条激进的道路，它反对贪欲、反对个人主义，也反对殖民统治下对生态环境的忽视与践踏。另一方面，罗梅罗对当地人的影响力也形成了一重藩篱，警告那些把发展和控制农业综合企业视为萨尔瓦多未来的人。这些开发者破坏合作社的基本结构，使合作社成员丧失协作的积极性，只能把土地转让给个别开发商。

玉米纵队和基层宗教社群

玉米是中美洲的命脉。没有玉米，就没有奥尔梅克文明、托尔特克文明、玛雅文明及其他所有中美洲文明。中美洲人民靠玉米果腹，视它为生命的象征。罗梅罗在布道和广播讲话中经常以玉米和传统玉米饼来作比喻，他非常赞赏这种食物象征的民众和民众文化，以及团结精神。例如，人们记得，他会放弃为他专门准备的食物，和人们一起排队买萨尔瓦多传统风味的玉米饼，里面有奶酪、

69

豆子或肉。在常被引用的一段话中,他说,即使遭遇不测,"他的死也会像玉米一样,支撑更多人的生命"。玉米纵队(Equipo Maíz)就是这样一个致力于传播玉米文化意义的组织。

玉米纵队的前身是一个基层宗教社群的培训中心,1970年在圣萨尔瓦多教区成立。如今,除了培训项目,这一组织还出版大量书籍、小册子和音像制品,涉及经济学、政治学方面的内容,也教导人们如何反思自己、提高觉悟。这个组织的核心宗旨是传承罗梅罗留下来的精神财富。负责人说,萨尔瓦多普通民众都深受关于那些口头流传的罗梅罗故事的影响,认为罗梅罗是为帮助穷人而献身的。不过,右翼分子则把罗梅罗看成一位煽动仇恨和暴力的左翼分子。他们说,玉米纵队的职责所在,就是重新找回罗梅罗所倡导的团结意识。因此他们举办照片展、出版布道录音带,希望用这种方式激励基层宗教社群,给他们带来希望。他们把希望寄托在基层宗教社群,是因为在他们看来教会人士已经忘记肩负的使命,只能靠世俗民众来继承罗梅罗的精神遗产。

当初罗梅罗以广播布道来启迪民智,现在这一传统也被玉米纵队沿用下来,他们通过书籍、小册子和录音带布道,就是为了帮助人们反思,去思考《圣经》中的话,思考社会问题、经济结构、历史、性别问题和教会问题。例如,罗梅罗以历史上耶稣"道成肉身"的故事为基础提出的美好愿景就是要消除一切贫困。因此,虽然仍有"仇恨和恐惧","青年团伙和犯罪组织的暴力犯罪有增无减,人们对官方教会也不抱多少希望",但罗梅罗却为人们留存了"一份真实的记忆,时时刻刻告诫人们什么是应该做的"。[10]

我们在圣萨尔瓦多的圣卢西亚区采访过一些罗梅罗帮的成

员,从他们身上,也可以看出"什么是应该做的"。帮派成员大多来自过去的暴力团伙,洗心革面之后联合在一起,反对荼毒青少年的毒品、酒精,帮助他们脱离贫困。他们住的地方像个迷宫,和美国大城市的某些区域一样幽暗、贫穷,充满潜在的暴力。但这些年轻人在这里建立康复之家,欢迎所有想要唤起对罗梅罗的记忆的人,帮助他们重建生活的信念。这里的年轻人身上都有一个很大的罗梅罗纹身:手臂、胸部或者背上。对他们来说,这场斗争是你死我活的:一方是拥护罗梅罗、反对跨国公司的势力,一方是践踏萨尔瓦多尊严的敢死队。

这个帮派的现任领导人卡洛斯向我们介绍了他们每周六在圣卢西亚区中心举行的礼拜仪式。仪式一般没有神父主持,由成员自行组织,包括分享音乐、阅读和布道。他声称,他们虔信的是复活的基督,罗梅罗像他一样给我们希望,"给我们生命,给我们前进的力量"。礼拜仪式代表"我们的生活方式",就是"把生活变成节日,把所有人的生命凝聚在一起,也代表着把罗梅罗带到这里,带到他深爱的人民中间。现在我们发现,这是新自由主义和生命之间的斗争;罗梅罗加深了我们与生命和自然的联系"。

这是一个令人印象深刻的例子,体现了罗梅罗在近30年前播下的变革种子是如何生根发芽的。另一名帮派成员表示,他们要像罗梅罗一样帮助弱者和穷人。他们来到监狱,在那里成立基督教基层宗教团体。这群以罗梅罗为偶像的年轻人的布道方式就是来到囚犯身边,带给他们生命和希望,帮助他们打造新的生活。这个组织否认自己属于任何教会机构,在他们看来,教会过于等级化。事实上,罗梅罗去世后,很多人都觉得教会不再像过去那样一心帮助穷人。这些年轻人近乎信徒的热情让人想起罗梅罗对穷人和弱者的爱。因为他们本身就曾是深受毒品和酒精毒害的人,所以一直坚持在经济和政治层面上传播福音,而且深深感激罗梅罗在精神上赋予的支持。

　　"失亲母亲联盟"这个组织也反复强调罗梅罗走出官方教堂,代表民众运动发声的故事。从1975年开始,一些母亲联合起来寻找因为敢死队的暴行而失踪的孩子。她们很快发现许多家庭也正在寻找亲人,很多人也和他们一样悲痛,发誓要找回孩子。罗梅罗给了他们有力的支持,为她们宣传,帮助她们建立办公机构。主要发言人阿莉西亚回忆说,那时办公室经常遭到洗劫或轰炸,罗梅罗被害以后,机构的工作一度难以为继。

　　这是罗梅罗体验中最动人、最吸引人的部分。母亲们压抑着巨大的痛苦,平静地讲述着孩子如何被虐待、被残杀,女儿或她们自己如何被强奸,如何坚持寻找失踪的孩子——其中有被国民警卫队杀害的孤儿,有遭遇绑架后流落到世界各地的孩子。现在,失亲母亲联盟的成员坚信是时候揭开这些历史记忆:永远记住那些值得被铭记的名字,让暗杀罗梅罗的凶手不再逍遥法外,让那些被无辜起诉的神父、修女和教堂工作人员及其他人获得赦免。

　　她们说:"罗梅罗和死去的孩子都会听我们诉说,我们并不孤单。要让他们永远不被遗忘,这是我们的动力。我们自己不坚持下去,还有谁会帮你?或许教会也会离弃我们,但罗梅罗不会,他和我们在一起。"坚守着这样的信念,每一位母亲都相信正义总会来临,她们会坚持这项受惠于罗梅罗的工作。被问及对罗梅罗事件的看法时,阿莉西亚说:"报仇不是目的。我们要的是结束一切有罪不罚的现象。"

罗梅罗帮和失亲母亲联盟代表了两个不同的抵抗群体,都与罗梅罗的记忆有直接渊源。他们似乎游离于教会体制经验之外——正是这种教会体制经验使罗梅罗的声音显得特别有力、警醒,当然也最终被视为大患。然而,这两个在罗梅罗遇刺之后出现的群体之所以让人看到希望,其最有意义之处在于他们传达的是作为基层宗教社群的群体经验,在斗争过程中分享罗梅罗的记忆和价值。在这一过程中,如果忽视教会的作用,就不能深刻地理解记忆演化的复杂性。因此我们又走访两个城市教区:阿西西的圣方济各教区和济贫圣母会教区。

阿西西的圣方济各教区位于圣萨尔瓦多市中心,是一个规模庞大、组织完善的社区。他们表示,他们愿意向年轻人伸出援手,原因就刻在墙上:那是8万名在内战中丧生和失踪人口的名字。这 72 个教区有超过2.8万人分属不同附属教区,基层宗教社群的规模也非常庞大,在教区内有超过168名神父具体负责各个基层宗教社群的工作。妇女也发挥重要领导作用,负责受洗的准备工作和教理问答事务,还要组织成员分小组讨论有关妇女的尊严、工作中的性别问题,以及妇女工作的作用等。总体而言,阿西西的圣方济各教区的教会人员坚持的是所谓"同阶层"传福音工作,他们也纪念罗梅罗,但还需要更深入地走到民众中间去。

济贫圣母会教区位于城市的另一端,那里是最贫穷、最可怕的城市贫民窟。人们就住在沿着铁路搭建的一排排违章建筑里,让人想起罗梅罗谴责的那种高楼大厦阴影下的小破屋。这里几乎没有自来水,也没有下水道。街道狭窄肮脏,尘土飞扬,狗和鸡四处乱窜。成千上万人就生活在这样的地方。很多人在战争期间就从其他地区流落到这里。在这里生活过的人还记得军方对他们发动炮火袭击，因为这些赤贫人员被认为是最顽固的抵抗分子。

在教堂例行的周日弥撒上，长凳上很早就坐满人。整面墙挂着罗梅罗的巨幅肖像，也贴满战争遇难者的照片。在十字架、圣人雕像和蜡烛之间，到处都是对过去的回忆。破旧的画架上是一张年代久远的海报，上面贴着很多在这个教区和周边被谋杀和失踪的人的照片。这些心爱的人永远不会离开；人们觉得悬挂他们的照片能带来希望。

正在和人们分享教义的神父是西班牙人，多年来一直在萨尔瓦多最贫困的地区工作。"你是怎样感受到罗梅罗的？"他问年轻人。一个年轻人回答说："我们没有见过他，但他还活着，就在我们中间。"另一个回答说："25年了，我可能还是搞不懂耶稣复活究竟是怎么回事，但我知道罗梅罗阁下并没有死，他在我们的人民中复活了。因为罗梅罗，我们才更加明白耶稣复活指的是什么。"

一位围着披肩，微微驼背的老妇人表情严肃地站起来说："看看这里的人们，他们来自世界各地。这是罗梅罗阁下赐予我们的生命启示，它给我们继续前进的勇气。"

73　　　纪念日的一周内，济贫圣母会教区的人们聚集在基层宗教社群祈祷，反思自己并从中获得勇气。由UCA派到这一教区的负责人塞贡多·佩雷斯（Segundo Pérez）表示，贫困人士扶助机构在组织和寻找斗争的意义方面做了很多工作，一所由UCA赞助的学校也已经建成。一些老年人甚至自豪地告诉我们，他们也在学习阅读和写作。对于这些贫穷教区的大众，对于济贫圣母会教区，对于阿西西的圣方济各教区，福音书的要义和民众的公共生活已经融合在一起，进入这些小小的基层宗教社群,帮助他们思考现实,反思自己,寻求意义——那也是一种对《圣经》经文的践行。我们再一次看到,罗梅罗是如何留存在民众中间,为他们树立一个鲜活的典范形象。

罗梅罗:表达的文化与被表达的文化

我们之前说过,对罗梅罗的回忆已经成为一种现象——超越时间,呈现在艺术、音乐、诗歌、舞蹈和仪式之中。这种在文化研究中称为"表达的文化"(expressive culture)的现象在传递记忆方面具有非常强大的力量,因为传递过程中承载了记忆的情感内容。这种表达的文化的背景是神学/历史学背景下的"上帝恩典"——罗梅罗让穷人感受到上帝赋予的尊严。通过大众绘画(如壁画、海报等)、歌曲、小说、戏剧、摄影、民间艺术,以及自发的艺术创作形式,罗梅罗的记忆在萨尔瓦多人的想象中不断衍生出新的表达形式。

在这些草根艺术创作中可以看到一种融合政治和神学观念的生命体验。电影《罗梅罗》典型地体现了罗梅罗形象和话语的力量,至今在萨尔瓦多被禁。这证明边缘群体始终铭记着他。罗梅罗的思想观念是什么?虽然他们的理解很难用某个主旨来完全概括,但有一点罗梅罗必定会赞同,那就是:不能保持中立。这些艺术创作表达的信息、手段和内在精神仍然具有颠覆性,也将继续从罗梅罗广播布道的叙事中获取力量。

多年来,UCA电台一直是信息的灯塔。战争期间,广播被认为是"萨尔瓦多人了解现实的唯一媒介"。[11]它也是罗梅罗的有力武器,以至于当局多次试图破坏电台。"罗梅罗时代"是一个专门播 74

出罗梅罗布道录音的栏目,给人们带来希望、洞见和勇气。此外,"编读往来"节目也是为那些"没有话语权"的人专门开设的。

如今,除了音乐和新闻节目,UCA电台还为那些需要表达需求和希望的人发出"声音"。电台播出的三类栏目特别能体现罗梅罗的精神:(1)"今日话题"是一档以当代新闻故事为题材,结合福音书的观点来讨论各种话题的基督教节目。萨尔瓦多各地的人们可以通过电子邮件、信件、电话和电台访问参与现场直播。(2)"表明观点"栏目则是邀请听众参与的现场直播节目,节目组会在农村、人们工作和聚集的地方进行采访,让观众有机会谈论他们的生活和关心的话题。(3)还有一些编辑栏目旨在开展"负责任的批评",对日常事件进行批判性解读,讨论诸如贫困、环境和穷人生活的其他方面等问题。

电台广播在表达的文化中有着强大的影响力,因此关于罗梅罗的叙述在萨尔瓦多文化环境的最前沿一直保持着直接的影响。例如,音乐家吉列尔莫·奎利亚尔(Guillermo Cuellar)年轻时代在听罗梅罗的广播布道时深受感动,联系到战争年代亲身体验到的死亡危机,他从十几岁时就开始创作礼拜音乐。在他和听众们看来,音乐能帮助他们克服恐惧,继续前进。奎利亚尔表示,他一开始的创作主题以表现压迫和穷困为主,后来随着他和团队对罗梅罗思想的感悟,也开始写关于解放的歌曲,编曲风格则混合本土、古巴和西方流行音乐的风格。

战争期间,奎利亚尔的音乐对萨尔瓦多基层宗教社群产生重要影响,许多听众甚至因此被杀害,他也不得不逃亡海外长达13年。在此期间他四处游历,用音乐让世界了解萨尔瓦多的现实。作为一位热忱而富有艺术才华的音乐家,奎利亚尔从来没有写过一首关于罗梅罗的歌;他说,仅用一首歌来传达罗梅罗的精神实在微不足道。不过有首歌非常适合表达罗梅罗在人们心目中的圣徒地位,其中一句是:"我要告诉你们,他所行的神迹……现在,请你们创造奇迹……跟随罗梅罗的脚步。"

25年之后:神学、仪式与表达 75

2005年3月的一个星期,数千名来自世界各地的人士聚集在圣萨尔瓦多,纪念罗梅罗遇刺25周年。25年中,无数的书籍、文章、电影、音乐、艺术品和摄影展览一直在讲述着他的故事,见证希望。为期一周的纪念活动包括神学反思、悼念战争遇难者、舞蹈和歌曲表演、弥撒仪式、集会庆典等环节,融合了人们对罗梅罗丰富的记忆。很难简单概括罗梅罗的故事,因为它已经成为神话本身。如上文所述,这些纪念活动体现了一种坚韧不拔的精神和生活信念,鼓励着萨尔瓦多人继续去追寻有目的和有意义的生活。

纪念聚会在耶稣会大学举行,规模盛大。主讲人乔恩·索夫里 76 诺和著名解放神学家古斯塔沃·古铁雷斯(Gustavo Gutiérrez)吸引了很多慕名而来的听众,演讲礼堂里坐不下,最后不得不在礼堂外的草坪上架起电视屏幕进行直播。听众来自世界各地,遍及印度、亚洲、非洲、澳大利亚、欧洲和美洲各国。无论信奉犹太教、印度教还是佛教及其他宗教,人们聚集在这个公开的场合,聆听讲演者从神学的角度来思考关于罗梅罗的记忆和他留下的精神遗产。罗梅罗遇刺九周年的纪念活动也曾在这里举行,人们聚在一起聆听罗梅罗的录音,但六名耶稣会牧师、他们的管家还有她的女儿却被敢死队在这里杀害。

在谈到罗梅罗的精神遗产时,古铁雷斯引用了他的话:"耶稣是上帝的训诫。"然后接着说,"那么罗梅罗就是给我们的训诫"。通过追溯罗梅罗的事迹,古铁雷斯表示,罗梅罗睿智地指出贫困的巨大罪恶:贫困意味着对个人需求缺乏本质上的尊重。他指着罗梅罗布道的照片提醒听众,导致那么多人陷入贫困泥淖的种族主义是源于对市场的盲目崇拜。他说,罗梅罗坚信"好牧人为羊群舍命"。

同样,索夫里诺也引用大量经文来强调为穷人追求正义的必要性。他提醒我们,一定要记住罗梅罗所做的一切,这是当务之急。他还回忆说,在不公正现象面前,在罪恶的社会体制面前,罗梅罗始终坚信不能保持沉默和中立。

这些从解放神学层面展开的思考和反省无疑是人们继承罗梅罗精神遗产的重要表现,后来的"与人民同行"环节则最生动直接地展现了这种叙述。虽然在UCA的集会上没有追忆曾经敦促罗梅罗倾听穷人心声、与穷人同行的鲁蒂略·格兰德,但后来在纪念墙和大教堂的地下室举行的纪念活动有这一项。

失亲母亲联盟完成了一件大事:为所有在战争中丧生和失踪的人修建一座纪念墙。几年前,这座纪念墙终于在巴勃罗·聂鲁达公园落成,位于通往市中心和大教堂的大道上。像美国华盛顿越战阵亡者纪念墙一样,这座黑色花岗岩纪念墙上按失踪或死亡年份刻着超过2.4万人的名字。除了留下姓名的遇难者,纪念墙也供人们凭吊6万名无法查证姓名的遇难者。[12]每天都有人穿过纪念公园来凝望纪念墙下的鲜花和卡片,在墙上搜寻逝者的名字。在这里,罗

77

梅罗的力量和记忆是如此近切。因为在墙上1980年这一栏的几百个名字中,也铭刻着奥斯卡·阿努尔福·罗梅罗的名字——他虽死犹生,在他所爱的人民中间。

离纪念墙一英里的地方是大教堂,罗梅罗的遗体就放在地下室的地窖里。虽然罗梅罗身为大主教,却坚持不动用教会一分钱来修缮大教堂,认为所有资源都应该用来帮助饥民,减轻人民的痛苦。他自己就住在遇刺教堂旁边由修女提供的简易住所里。他的房间非常狭小,衣柜也很简陋,完全不是人们想象的那种威严华丽。身居高位却淡泊简朴,这正是他深受民众爱戴的原因,人们至今坚持称他为"圣罗梅罗",尽管他还没有正式被封为圣徒。*

最近,现任大主教花了一大笔钱翻新和装饰这座殖民时代建成的大教堂。在安葬罗梅罗的地下室里,每天都有成千上万人前来瞻仰,如潮的鲜花、卡片和纪念品覆盖着他的遗体。他必将会被追封为圣徒,但他的前任秘书表示,这没有任何实际意义;因为他提醒过听众,罗梅罗从一个立场保守的人、军方的朋友转变为积极地为穷人辩护的人,在这个转变过程中他已经懂得天主教传统中所说的"人民的声音就是上帝的声音"。也就是说圣人的尊荣自在人心,尽管教会还没有授予他这个称号。

然而,在这个春天的夜晚,数百人聚集在这个地窖里,跳舞、唱歌,回忆罗梅罗的训诫。"罗梅罗万岁!"的呼声从年轻的人群中一次又一次响起,其中有来自危地马拉的印第安人,有中产阶

---

* 这是本书出版时的情况。2018年10月,罗梅罗大主教被正式追封为圣徒。——译者

级,当然还有他深爱的穷人。来自全国各地的青年人跳起以罗梅罗名字命名的舞蹈,这是那些深受罗梅罗影响的人发明和传播开来的。一位大约21岁的年轻人和大家分享了他的经历:他如何在一次电台布道中听到罗梅罗的话,意识到自己不能在不公面前保持沉默。这个真正的庆典给很多人带来欢乐,帮助他们寻找生活的意义和目的。

这是一种令人动容的叙述。见证者们在追忆罗梅罗时,也在提醒人们记住他说的话、他做的事,记住他如何为正义而不懈奋斗。它也是一种表达的叙述,人们在音乐、诗歌和舞蹈中纪念罗梅罗,将他生命的元叙事刻进所有在场者的脑海之中。"即便他们可能杀了我,"罗梅罗曾说,"我也将在萨尔瓦多人民中重新站起来。"在这里,在大教堂下面的地窖里,人们跳舞、唱歌,为罗梅罗的复活而欢庆。

对于官方教会来说,25周年庆典的高潮是规模宏大的户外弥撒。按教义传统举行的圣餐仪式既是为了纪念耶稣的死亡和重生,也是为了给信徒带来生命和希望。在不信教的人看来弥撒无非是神父将饼和酒分给众人,但实际上圣餐仪式中包含着复杂的神学意义。耶稣曾将饼和酒祝圣为他的圣体圣血,众人通过领受圣餐与基督耶稣合为一体。圣餐仪式所传达的恰恰契合了罗梅罗身份的要义:他既是领圣职的神父,也是愿与穷人休戚与共的主教。因此,弥撒的象征意义就在于,此时此刻每个人的记忆都被复活、被唤起、被点燃。

成千上万来自世界各地的人参加了这个在黄昏举行的弥撒,人们对罗梅罗深深的记忆如潮水般涌现。仪式开始时,大主教宣布弥撒是为了纪念奥斯卡·罗梅罗。一瞬间，人群仿佛成为了一体，全都不约而同地屏住呼吸。整个集会上，人们一直高呼"阿努尔福！阿努尔福！阿努尔福！"直呼罗梅罗大主教的名讳似乎不够得体，但却是民众私下里表达爱戴之情的方式，后来教会与民众之间的隔阂也可见一斑。在接下来的圣餐仪式上，人们又大喊"我们要一位与穷人同行的主教！我们要一位与穷人同行的主教！我们要一位与穷人同行的主教！"后来，在大教堂四英里外的户外集会上，一位老妇人说："我们已经让右翼分子在弥撒上讲话。现在，轮到我们发言了！"

连续几个小时，演讲者、诗人、音乐家和歌手轮番为观众表演，一次又一次带领大家回忆罗梅罗的生平、演讲，以及他带来的启示。直到深夜，卖玉米饼、苏打水、炸鸡和玉米粉蒸肉的小贩还有各家各户的人们还在跳舞、放烟花，以庆祝的方式纪念罗梅罗。每个人都在喊着："战斗不息！""罗梅罗复活！罗梅罗万岁！"人群的狂热、欢乐和激情在黑夜中沸腾，直到黎明才消退。25年前，罗梅罗听到穷人的呼声，看到穷人的困境，一颗子弹却夺去了他的生命。在这个夜晚，希望罗梅罗曾经所属的精英特权阶层也有人和他一样，再次走到人群中来。希望这一天很快到来。

结语

人们在理解和接受罗梅罗传达的教义时，看重的是他将穷人的利益放在第一位。罗梅罗的志业是传达上帝的恩典，呼吁充满公义的新社会。他的布道并非出于"政治"目的，而是基于信仰和教

80

81

115

义。正是结合这些信仰和教义,罗梅罗将历史现实透彻地摆在民众面前。他对民众的教育也是以天主教社会教育为核心的,强调人的尊严。

人们对奥斯卡·罗梅罗的记忆情真意切,发自内心,有关他的言行事迹被融入故事、流行艺术、音乐、戏剧和歌曲之中。其中包含罗梅罗的故事,也有人们自己的故事,他们的哀痛、信仰、挣扎都在其中……人们在失去一切时,也获得继续活下去的希望。人们以自发的社会活动和流行艺术形式表达对罗梅罗的崇敬,以他的名字来命名青年团体、基督教基层宗教社群和相关机构。农村地区也是这样,尽管许多年轻人没有亲眼见过罗梅罗,但他的形象、他广泛流传的布道内容无处不在,而在罗梅罗影响下形成的合作社体制本身就是一种人们与罗梅罗记忆的持续对话。

多年前,受萨尔瓦多局势所迫,罗梅罗无法同意任何人保持中立。时局困厄,罗梅罗仍在穷人中间追求人之所以为人的意义,将爱和正义的福音传给与他同行的人们。甚至不信教的人也愿意信赖他。一名萨尔瓦多妇女说:"他们杀害了罗梅罗,杀了我们中最好的人,断了我们大多数人的活路。"即使到了2005年,萨尔瓦多局势仍旧紧张,罗梅罗的追随者仍然无法保持中立——其中的缘由可以用文化记忆的力量来解释。

罗梅罗影响了成千上万人的生活。他的一生被视为典范,教导人们如何行事,如何看待这个世界。罗梅罗自身的矛盾反映的是那一个时代的矛盾。对于爱他的人,他依旧是"纹在心上的偶像";对于恨他的人,他也仍是"眼中钉,肉中刺"。但无论如何,他在萨尔瓦多历史上的位置,过去、现在或将来都不容忽视。

82

关于罗梅罗的生平事迹的回忆和传播情况，有一组耐人寻味的统计数据。1988年，在被问及"罗梅罗是否应该被封为圣徒"时，只有21.1%的萨尔瓦多人表示"支持"；而到1995年，这一比例上升到49.5%。不过，我们采访的人大都坚持官方教会应该不会追认罗梅罗为圣徒。为什么？"因为一旦他们承认了他，他就不再属于我们。"在总教区进行的调查中，其他问题包括：

教会应该介入政治纷争吗？　　（38%的人表示肯定）

教会应该支持穷人吗？　　　　（59.6%的人表示肯定）

大主教应该谴责不公正吗？　　（83%的人表示肯定）

那么，属于穷人和先知的教会正在消亡吗？布拉克利神父（Dean Brackly）在接受采访时表示它"不属于穷人"。罗梅罗展示了一种新的教会方式——勇敢地将天主教的社会教育视为人民生活的一部分。美国耶稣会士布拉克利撰写大量关于萨尔瓦多宗教冲突的文章，介绍罗梅罗和格兰德神父体现的帮助穷人发声的教会新观念。正是这两位先知和持有坚定信念的信徒争取并捍卫了人民公开表达信仰的权利。

在长达12年的内战期间，罗梅罗所在的教会是萨尔瓦多人获得真理的唯一来源。在这里，人们体验到真正的、令人信服的上帝恩典。后来，虽然很多人认为等级森严的官方教会没有很好地履行使命，但罗梅罗的伟大愿景和他带给人们的记忆并没有因此变得暗淡。相反，人们更加坚信正是罗梅罗赋予他们力量，愿意效仿他担负引导者的角色，无论是管理员、教师还是其他类似的职务，那些合作社、基层宗教社群、罗梅罗帮、失亲母亲联盟的成员及无数草根艺术家都是这样的人。这正好印证了罗梅罗的话：

83　　　　在穷人生活的地方,在穷人解放自己的地方,在男人和女
人能够平等地坐在桌前的地方,就有上帝的生命。为什么教会
要将自己置于尘世间,就是为了使众人同心协力,为了将生命
带给穷人。教会唯一的志业就是见证对上帝的信仰,传达圣
灵、上帝、伟大造物主的恩典……除此之外,再无其他使命和
任务。要把生命给予穷人,就必须献出自己的生命……无数萨
尔瓦多人、无数基督徒都愿意为穷人舍命。[13]

　　因此,大主教罗梅罗的记忆为什么具有如此深刻的影响力——
因为它本质上是一种思想意识形态上的抵抗行为。当然,天主教会
的等级体制也是原因之一。但在更复杂深刻的层面上,有人选择站
在穷人的一方,为所有人谋求权利,人们对罗梅罗的记忆确实树立
了一个伟大的典范。人们在壁画、歌曲、诗歌、演出中倾注真挚情
感,将对他的记忆留驻在鲜活的日常生活之中,即使在他去世25年
后也从未止息。人类之所以能够生存下来,最关键的一点就是在历
史进程中总有人带领我们摆脱沉重的压迫,重新找回希望的激情和
对彼此的关爱。

第五章

文化融合与文化适应的力量：墨西哥恰帕斯地区的 84
策尔塔尔玛雅人

这是很难下笔的一章，我们试图从几个不同方面来描述和解释在墨西哥恰帕斯的策尔塔尔玛雅人中一个值得关注的现象。因为不懂印第安语，只能依靠懂西班牙语的本地人翻译，这在很大程度上限制了我们在细微之处把握文化差别的能力，也使我们很难充分参与讨论。但这种在传达文化观念和意义时始终存在的困难就是我们工作的核心。文化融合[1]是如何发生的？主流社会的概念是如何发生文化涵化[2]现象的？最重要的是理解人们的思想观念，因为这构成他们的文化价值的基础。这种核心的价值观是如何被注入新内涵的？又是如何抵制推行同化政策的霸权主义的？这些是推动本章思考的问题。

在2003年的一次会议上，恰帕斯地区主教问当地策尔塔尔人的领袖，假如他和所有耶稣会士都在一次飞机失事中丧生，他们怎么办。相互商议了一下，一位长者回答说：

"尊贵的[3]主教，我们认为您和教会或许还任重道远。您看,我们从《圣经》中学到,耶稣基督花了三年时间才让追随者参悟。耶稣在十字架上殉难、复活,又和门徒同住40天,满40天后,就离开他们上天堂去了。两千年后,我们仍然崇敬他。可您来到这里已经16年,我们仍然需要您在身边,让我们相信上帝。那么,为什么我们的主尽了职责,您却还任重道远?"
他斟酌一下接着说:"在离开之前,我们的主耶稣基督留下圣灵,以尽其未尽之业。但您还没有使圣灵降在我们身上,没有与我们策尔塔尔人分享。的确,我们受洗皈依的时候在圣礼中领受过圣灵,但您还没有真正赐予我们——我指的是让我们的族人团结一致的精神。如果我们得到这种精神,您将会看到您的事业得以发扬光大,即使您不得不离开我们。"[4]

这一章旨在考察当代策尔塔尔人实现文化适应的方式。我们通过历史研究、人类学田野调查和神学反思来把握文化适应这一关键词。策尔塔尔人想要保留他们在恰帕斯这片土地上的身份,就意味着必须接受挑战:在不断扩张的全球化进程中学会重新诠释本民族古老的智慧,以便生存下去并拥有更好的未来。

我们实地考察过恰帕斯地区讲策尔塔尔语的玛雅人社区,他们为我们提供了重要的实例,生动地展示了文化抵抗的自主性、力量和重要性。由于地处墨西哥最南端,与危地马拉接壤,这块少数民族的飞地在历史上一直被边缘化——虽然在被西班牙人征服之前,这里曾是玛雅仪式和庆典的重要中心。恰帕斯州通常被认为地处偏远、文化闭塞,是一片未开化的殖民地,自1994年以来一直处于半军事化的抵抗状态。但与此同时,它也为土著人为追求种族身份认同、实现和平的思想变革提供了文化空间。

墨西哥地区的策尔塔尔玛雅印第安人

2003年2月的第一周，无论男女老幼，500多名策尔塔尔人分别从几百个村庄来到奇赫村参加一年两次的会议，作为各村的精神领袖，他们要在这里分享经验、参加培训、增长才干。即使有农活要做、有老人要照顾、有其他事务要忙，也必须先放下一切，从各村长途跋涉来到这里。奇赫村坐落在一小片丛林里，周围是种满豆子、南瓜、玉米和咖啡的田地；村民负责为参会者提供食宿，协助开展为期一周的活动。与会者分组讨论的问题包括：什么是正义，策尔塔尔玛雅人如何看待正义等。其他人在讨论不同社区中灵疗者应该扮演什么角色，还有人在交流如何领导和教育族人。在这片土地 86 上生息数千年的这个民族如今再次遭遇危机，因此所有人聚集在一起确认自己的身份。我们在本书中始终认为，文化认同是以持久的思想观念为基础的，它是其他由此衍生出来的思想观念的根基所在。为了在21世纪保持自己的地位和身份，策尔塔尔玛雅人正积极地将本族人古代的生存模式和在墨西哥占主导地位的基督教思想结合。一个依托民族文化并体现融合观念的本土社群正在形成。[5]

本书开头我们就表明，这是一项文化人类学家和神学家之间的合作，前者有着多年的在土著人中开展田野调查的经验，而后者关注拉美地区的解放神学问题。虽然福蒂尔更倾向于使用"文化融合"（syncretism），而罗德里格斯更喜欢"文化适应"（inculturation）一词，但其实两人关注的是同一个现象，即占统治地位的主流宗教文化与被殖民者的宗教文化是如何融合的。在这个过程中,社会结构和社会关系得以重新诠释。文化记忆的力量既体现在被殖民者如何按照本族观念来重新解释基督教文化,也体现在他们如何与传统的社会结构积极对话。

然而,在主流宗教文化与土著宗教文化相融合的过程背后,还有另一个因素对当地人争取文化自治和生存起到重要作用——在巴差戎传教的耶稣会。一开始,等级森严的天主教会对印第安人推行激烈的文化改造。以拯救异教徒为名,传教士把宗教信仰强加给恰帕斯的策尔塔尔人,大力推行西方文化和体制,在很大程度上忽略了玛雅人的本土特质。后来,文化融合在多个层面上形成,虽然这让传教士、人类学家和其他文化工作者感到惊讶。早期的多明我会修士来到恰帕斯地区时,就发现当地人有着高度发达的思想体系,但仍将西方的思想观念强加给他们,这种文化上的压迫遭到当地人的抵抗,同时也促使他们学会将本民族的文化传统和天主教神学思想加以融合。这并非臆想,因为当时广袤土地上各个村庄里的土著人数量庞大,天主教神父的数量远远无法满足传教的需求。墨西哥地区的革命运动、当地人起初对天主教的排斥、第二次梵蒂冈大公会议在宗教上的新态度,以及解放神学的兴起,这些为我们正在考察的协作融合提供了一系列具有变革性的背景。

87   在这个文化融合的过程中需要强调两个重要的因素。第一是土著民族争取自治和生存的斗争。和西方人的观念不同,策尔塔尔人向来重视团结,强调群体观念,认为群体比个人重要。第二是这个群体把教会视为集体行动的象征和核心。通过耶稣会传教士,罗马天主教走上一条新的道路:与人民对话,鼓励他们在天主教语境中探索自己独特的宗教表达文化的形式。这种对话为人们提供机会,让他们学会在特定的文化环境和历史时刻中将信仰融入日常生活。然而,有别于很多当代文献——它们体现的是受过西方教育的传教士的视角和观念——我们坚持认为,文化协作的主动权实际上掌握在土著人手中。

当然很多人会争辩说,作为殖民者的教会的历史与当今还在争取自治权的印第安人之间的斗争是不可调和的。但这里要强调的是,在每一个印第安部落的形成和发展过程中,首领都发挥着积极作用,他们不是被动地接受基督教教义,而是赋予这个群体生命力。"心灵的创造者"就是执事的职责所在,在这里执事并不是单指一个人,而是指一对共同履行"心灵创造者"职责的夫妻。正是当今恰帕斯的这种现实和文化背景孕育了土著人在文化上的活力。

历史学与民族志的注解

策尔塔尔人居住的地区虽然物产丰富,但也存在危害土著文化的因素——长期的殖民统治和全球化带来的创伤及经济贫困导致的沉重负担——当地人对此自然会有所反应,其中最根本的一条是追求人权平等。过去五十年中,文化生存已成为许多群体——从土著族群到联合国等世界机构——关注的主要问题。越来越多的人意识到有必要保持世界文化多样性,因为这有助于(1)保持生态平衡;(2)以新的方式来看待问题;(3)理解个人与群体之间休戚与共的关系。只有尽可能全面地了解当地人理解、学习、互助和实践文化传统的方式,才能更深入地认识文化适应的行为是如何发

88

生和如何渗入传统社会内部机体的问题。

策尔塔尔语是玛雅语的一个分支,如今约有37.5万人在使用这种语言,它也因此成为墨西哥第四大语族。[6]提起玛雅文化,人们自然会想到繁复的宗教仪式,想到至今留存于墨西哥、伯利兹、危地马拉和洪都拉斯境内的帕伦克、蒂卡尔、科潘或亚斯奇兰等地的遗址,想到这些在10世纪时因内部冲突或气候变化而湮灭的文明。从对语言起源的测定结果来看,最早的策尔塔尔文化或许发祥于公元前8世纪左右。策尔塔尔语本来属于在方言系统中与它非常接近的佐齐尔方言(Tzotzil dialect),后来在公元前1200年左右分离出来。大约在公元前300—600年,策尔塔尔人开始定居在如今恰帕斯省的东部。[7]由于人口分布广泛,相互间极少往来,当代策尔塔尔语又分为高地(奥克丘克地区)方言和低地(巴查庸塔克地区)方言。这两种方言甚至又衍生出不同的村寨土语。但和大多数方言的演进过程一样,这只是理论上的地域划分,策尔塔尔人的两大方言是可以相互交流的。如今,恰帕斯地区大约有5万名策尔塔尔印第安人。

西班牙人和恰帕斯土著第一次产生交集是在1522年。当时西班牙征服墨西哥北部之后,埃尔南·科尔特斯向该地区派遣税务官。不久之后,1523年,科尔特斯又派路易斯·马林(Luis Marín)来到恰帕斯,试图征服当地人。马蒂打败了某些部落,但他的部队在高地遭到佐齐尔印第安人的激烈抵抗。经过三年苦斗,马蒂仍然无法完全征服恰帕斯的土著人。于是西班牙当局重新派遣了一支由迭戈·德·马萨列戈斯(Diego de Mazariegos)指挥的军队前来镇压。但面对入侵和奴役,土著人宁死不屈。在特佩基亚战役中,许多印第安人宁愿在苏米德罗峡谷跳崖,也不愿屈服于西班牙侵略者。[8]

　　由于战争死伤和疾病频发,土著人的抵抗势头逐渐减弱,到1528年底,西班牙人几乎控制整个恰帕斯地区,佐齐尔和策尔塔尔人也被制服。1528年3月31日,马萨列戈斯上尉在约维尔山谷建立雷阿尔城。此后364年间,雷阿尔城都是当地首府,后来改名为圣克里斯托瓦尔-德拉斯卡萨斯。[9]

　　按照惯例,西班牙人征服该地区后立即开始传教。1538年教宗保罗三世设立恰帕斯教区,1541年任命首位主教。但因为上任路途艰辛,主教很快去世,由巴托洛梅·德拉斯卡萨斯神父(Fray Bartolomé de Las Casas)继任。[10]他主张印第安人也应受到保护,强调要维护印第安人的权利和尊严,传教士要尊重当地人,同时大力提倡学习当地的文化和方言,这些举措为教会传教奠定了基础。他还呼吁要让印第安人自愿皈依基督教,不得使用武力。当时传教士都是巡回传教,到部落里直接接触当地人,因此法令还规定教会应当接受印第安人提出的申诉,不得虐待有西班牙或墨西哥血统的非婚生混血儿。[11]

　　开始一切都按指令行事,不过后来在墨西哥起义爆发及传教士被驱逐之前,这些指令已经逐渐失去效力。当时西班牙殖民政府在恰帕斯地区推行监护征赋制(*encomienda*)[12],实际上减弱了对土著的奴役和压制,但由于被迫每年两次进贡,历代恰帕斯人仍旧深怀怨恨。

　　在恰帕斯地区,统治者和土著之间的文化冲突持续几百年。例如,1712年洛斯阿图斯的策尔塔尔人联合佐齐尔人和乔尔人(Chol)起义。目前墨西哥与危地马拉的边界争端可以追溯到墨西

90

哥独立时期。许多墨西哥原住民愿意继续受危地马拉管辖,社会上层或土地所有者则积极支持恰帕斯州并入墨西哥。由于担心阶级冲突导致当时由上层社会把持的政权被推翻,1842年安东尼奥·洛佩斯·德·圣安娜（Antonio López de Santa Anna）带军队占领恰帕斯。1868—1872年,当地土著人起义,试图夺回被北方精英分子占领的土地。至今墨西哥军队仍管控着这里的大部分地区。

从历史人口普查数据中可以看出,统治者一直在试图摧毁土著文化,将其征服并融汇到主流文化中。例如,1814年的人口普查结果显示约有10.5万印第安人、2.1万混血儿和3000名西班牙人生活在恰帕斯州。值得注意的是,这一地区很早就出现大量非印第安血统人口。他们占有大片土地,侵吞印第安人的公共土地。1895年联邦人口普查的结果显示,土著人口为12.9万人,仅占总人口的36%。至少有两点值得注意:(1)土著人口仅有微弱增长,这说明要维持土著人口的数量,保持出生与死亡的比率平衡并非易事。(2)短短几十年间,印第安人已成为该地区的少数民族。

但在20世纪初情况发生转变,这导致土著居民抗拒外来文化入侵的呼声越来越高。例如,在1921年的人口普查中,超过47%的人口（20万人）自称是"纯正的印第安人"。但只有27%的人能说本族方言（大部分是策尔塔尔语）。到了1990年,51%以上即超过71.6万人会说各种印第安方言（另外还有24.5万人属于不会说母语的印第安人）。此外,到2000年,说本族语的5岁及以上人口已超过80.9万人。与之形成反差的是,印第安人的总人口比例仍在下降,在超过300万人的族群中,印第安人占比不足35%。[13]

通过以上数据可以得出三个重要结论。首先,虽然不断受到主流文化的入侵和同化,但土著人口仍在增加。其次,土著人不仅反对语言上的帝国主义,也诉诸于实际行动:会讲母语的人数正在增加。然而,还有第三点,土著人的人口数量正在被不断涌入该地区的非印第安人挤压。他们是恰帕斯州的少数民族,母语是他们维持身份界限的标志,这说明要理解土著人的地域观念和人生理念,就要对他们的语言有深刻理解。[14]

　　恰帕斯地区的民族分布情况非常复杂,一直处于变化过程中。即使在今天,恰帕斯的111个市镇就有99个居住着相当数量的土著人,其中大多数讲玛雅语(表5.1)。在2000年的人口普查中,恰帕斯地区13个自治市的原住民人口至少占全市总人口的98%。共有22个城市的土著人口超过90%,36个城市的土著人口超过50%。当然,这也清楚地表明,印第安人口集中在少数几个地区,有助于保持他们的认同感。(恰帕斯有九个地区,说本土语言最集中的地方是其中五个:洛斯阿尔托斯、塞尔瓦、诺特、弗朗特里萨和塞拉;其余四个地区森特罗、弗雷莱斯卡、索科努斯科和科斯塔居住的主要是混血印第安人。)

表5.1　1992年墨西哥恰帕斯地区的土著人群人口情况

族群	人数	占恰帕斯人口总数比例
策尔塔尔人	322,224	9.0
佐齐尔人	306,854	8.5
乔尔人	119,118	3.3
索克人	87,302	2.4
托霍拉瓦尔人(丘赫人)	66,280	1.8
马姆人	23,423	0.6

（续表）

族群	人数	占恰帕斯人口总数比例
莫乔人	8,184	0.2
卡克奇克尔人	3,510	0.09
拉坎敦人	630	0.0008
其他土著族群	21,541	0.6
合计	959,066	3,584,786

资料来源：http://www.travelchiapas.com/about/about-5.php。

就目前的情况而言，当地众多的土著族群尤其是策尔塔尔人能够生存下来，与他们传统的"种植体制"（*tzumbalil*）的社会体系有密切关系。这个词的字面意思是"被种植"，类似于氏族制度。"被种植"是一种极具中美洲特色的社会理念，反映了当地人对玉米作物的依赖，也体现出人与土地耕种的重要关联。人出生的环境决定了他的身份，也决定了他作为个人与整个群体的关系。策尔塔尔人没有氏族制度，但类似于氏族制度在其他文化中的重要意义，"被种植"观念对他们非常重要。在氏族制度中，个人与亲属之间形成亲缘网络；同样，在策尔塔尔人的"被种植"观念中，个人与同样"被种植"在那片土地上的其他人存在一种忠诚、虚拟的（或真实的）亲属关系，相互结成同盟。迄今为止，这仍是530个策尔塔尔社区基本的社会组织模式。[15]

在生态学层面上，策尔塔尔人的居住地可以划分为三个区域：北部、中部和南部。不同区域的人口分布和文化存在差异，但从根本上而言，每个策尔塔尔社区都形成了一个独特的社会和文化单元。"每个社区都有自己的土地、方言、服饰、亲属制度、政治-宗教组织、经济资源、手工艺传统和其他文化特征。"[16]虽然从未形成任何社会或政治上的民族统一体,策尔塔尔人一直非常团结。不过,我们接下来要说明的是,随着策尔塔尔人与基督教会之间越来越紧密的文化融合,他们完全具备政治/经济实体在现实中迫切需要的凝聚力。

　　农业是当地人的基础经济产业,主要种植传统的中美洲作物即玉米、豆类、南瓜和辣椒等,也包括其他作物如小麦、木薯、红薯、棉花、佛手瓜、水果、其他蔬菜和咖啡等。受海拔或水资源等生态条件限制,不同地区的农业特征略有差异。虽然当地蓄养家禽、猪、美洲驴和牛等,但很少用来食用。[17]不少策尔塔尔人的村庄以手工艺品闻名,当地的女人也乐于穿戴、展示和出售自己的精美手工艺品。策尔塔尔人有固定的集市来出售富余的农产品和手工艺品,这是他们与更广阔的墨西哥经济体系相连接的途径。此外,很多人在一定程度上还是主要依靠出卖劳动力来支撑家庭。和过去一样,他们大部分都受雇于大农场主。在新千年的头几年,策尔塔尔人开始推行农业合作社制度,还成立了一个开发咖啡资源的合作社。[18]

　　所有策尔塔尔人社区的基本结构都差不多,由城镇中心和周围若干个片区组成。城镇是整个社区的政治、宗教和商业中心,一般分成两个区域。各区都有自己的守护神(*kallpulteol*,下文将介绍)。

　　有趣的是,虽然一直受到殖民统治,当地人仍保留传统的亲缘制度。例如,许多地方还在沿用人类学家称之为"奥马哈式"(Omaha)的婚姻制度。[19]在这种模式下,父系亲属之间可以继承土地,但同时父系异族表亲又被认为不属于血亲,可以通婚。这体现了上文提及的"种植"观念。简而言之,这种制度使相邻的各个村庄依靠联姻结成互助网络,在各个农忙时节可以互助。约定俗成

93

的观念是,有人需要帮助时,每个人都有义务伸出援手。[20]拉美地区本来就有姻亲传统,在天主教观念中表亲成婚也习以为常,类似地,策尔塔尔人也在尝试重新诠释传统,维持这一传统社会体制的基本功能。

我们尤为关注的文化融合案例就是从文化记忆的层面上探究古代的政治、经济和宗教观念在形式上是如何延续到当代文化的各个方面的,其间存在什么样的根深蒂固的关系。在这一案例中,各司其职的严密体系有新的当代语言表达,体现的是当代的现实,但其大致结构没有改变。从表5.2中可以看出,策尔塔尔人传统的民间宗教仍在影响着他们的观念和社会体系。无论过去还是将来,这些角色、职责和责任都仅限于本族人及家族内部。

表5.2　职责体系

民间组织	宗教组织
古代:村寨首领	古代:兄弟会及当地神职人员
当代:行政负责人;安全委员会;水务、教育和交通委员会;各级代表;策尔塔尔法官;乐师;事务公正及妇女权力监督人员	当代:考辩人、主持人、唱诗班、协理人、引导执事、执事、参与者、调解人、神父

如上所述,对于当代的策尔塔尔人而言,家庭协作的基础即"种植"观念仍然非常重要。此外,人口增加时,他们分配居住空间也仍然按照传统的守护神分类制度来执行。从本质上而言,他们的家族生活都运行得有条有理,都有自己的守护神来保障他们平安健康,风调雨顺。作为文化融合的结果,他们经常将基督教的守护圣

徒作为守护神。[21]拥有守护神，"对确定某人的个体身份认同感至关重要……在守护神和祖先的保护下……体验到安全与和谐……通过这种组织方式，人人都能获得需要的一切（住处、耕地、援助等）。如果仅凭一己之力，基本上不可能活下来。"[22]因此，尽管几百年来不断遭受入侵和同化（见附录一和附录二），策尔塔尔人仍然按照古老的方式团结在一起，在属地上生生不息，沉淀下自己的文化传统，形成独一无二的族群身份。

抵抗/融合模式的形成

孰先孰后　几个世纪以来，恰帕斯州一直处于墨西哥殖民式的统治之下，到20世纪后半叶，印第安人的不满情绪日益加剧。其中牵涉的主要问题包括印第安人的自治权不断被削弱、全球化扩张的影响、墨西哥当局的教育体系不断削减印第安儿童接受他们的文化教育的机会等。当然，1994年起义斗争的结果是签署《圣安德烈斯协议》（又称《印第安人权文化法规》），土著人因此获得（墨西哥政府给予的）更广泛的人权。如果没有土著领袖及其盟友的积极参与，协定（见附录三）或许也只是一纸空文，策尔塔尔人在斗争过程中率先争取的是保有土地、保留习俗，以及儿童受教育的权利。

　　1994年著名的萨帕塔起义得名于墨西哥革命家埃米利亚诺·萨帕塔（Emiliano Zapata），是近百年来土著人权利斗争中的里程碑。由于获得的医疗服务不断减少、印第安儿童的教育危机，以及对全球资本不断侵袭的忧虑，当时游击队士兵联合起来占领周边区域，实施自治管辖。这引起全世界的关注，他们的经历甚至被

95

搬上银幕。如今与萨帕塔主义运动高度政治化的本质形成鲜明对比的是,策尔塔尔人的精神领袖告诉我们,"要兼顾政治和宗教就像娶两个老婆:你永远做不到绝对公正",还表示"不应该用砍刀和石头来解决问题,对话才能带来和平"。

体制因素 1858年,因为动乱期间教会的财产被没收,许多神职人员离开恰帕斯,这为土著人提供更多自由的空间。土著人可以更自由地选择想要的生活、尊重自己的思想观念,不再受传教士左右。因此对土著人而言,这是一个很重要的时期,恢复了伟大的创造力,也恢复了传统的生活方式。一直以来,政府和土地所有者的压迫造成大量贫困和边缘化问题。但到20世纪后半叶,两位主教卢西奥·托雷夫兰卡(Lucio Torreblanca)和萨穆埃尔·鲁伊斯(Samuel Ruiz)开始大力支持土著民。作为支持措施的一部分,他们在1858年邀请耶稣会士来到教区与策尔塔尔人合作。[23]土著人与耶稣会士合作,这本身就是一种典型的协作行为,可以激发土著更强烈的自我意识和自治观念。尽管历史上传教士曾经试图把自己的价值观强加给当地人,但这次当代合作的出发点完全不同。事实上,印第安人的目的就是掌控领导权。

策尔塔尔人的五个分支分别是巴差戎地区的圣赫罗米诺人(San Jerónimo)、圣萨巴斯蒂安人(San Sabastián)、西塔拉人(Sitalá)、瓜基特佩克人(Guaquitepec)和奇伦人(Chilón),都有自己的传统和历史。每一支都由"宗师"(*jTsobao*)领导。前文提到过,这些土著人都是自发组织活动,向来没有严格的政治体制。我们发现,通过借鉴教会的组织方式和权力运作机制,借助仪式、语言、宗教文化和社会表达等方式,这五个族群的政治和经济实力都有所增强。在这一过程中，一方面体现出"策尔塔尔式"的天主教群体是如何形成的，更显示出在21世纪策尔塔尔人对自身印第安人身份归属的强调。欧亨尼奥·毛雷尔（Eugenio Maurer）神父指出，教会在开始传教时没能理解传统"长老制"（*trensipaletik*）的重要性。[24] 后来耶稣会得到的教训是他们必须:（1）要学会策尔塔尔人的语言;（2）尊重这个民族已经沿袭几百年的特殊体制。

　　要理解文化适应/文化融合的作用，非常关键的一点就是要把握族群概念及其在当今世界体系中发挥的宏观作用。民族是由民族/国家制度形成的人类的总称。从本质上讲，"族群身份"是由文化差异导致的，而在某种主流文化占统治地位的体系中，文化差异会更加明显。原本属于不同文化的飞地常常受到当地文化的影响和同化，属于他们的语言、宗教、生活方式、风俗习惯和世界观最终会完全湮灭。从某种意义上说，民族国家可以看作一个为了不断扩张而消耗大量人力和其他资源的实体。就目前全球化的局势来看，一切都处于变化之中，这也这说明替代竞争的重要性。生活在文化飞地的少数族群至今仍在抵抗宗主国的文化侵蚀，我们有必要支持这些文化抵抗的行为。否则，如果任由某些国家和文化不断同化他者、掠夺资源、枉顾人类的生存本质，地球上的所有人都会毁于一旦。当然，这些飞地也不可能孤立存在。因此，以某种创造性的方式将文化观念不同的人联合起来，使之形成协作关系，这对于人类的长期协作和生存至关重要。

　　1974年在圣克里斯托瓦尔–德拉斯卡萨斯（即恰帕斯）举行的第一届印第安人代表大会，也许就是恰帕斯地区民众开始觉醒的正式"转折点"。这一年是巴托洛梅·德拉斯·卡萨斯诞辰400周年和墨西哥独立150周年,也是印第安人第一次举办印第安人全体大会。[25]亚历山大·P.扎特卡(Alexander P. Zatyrka)说,这次聚会使印第安人更加意识到自己的贫困、孤立和边缘化的处境。此外,主教萨穆埃尔阁下也协助推行集体协商制度,鼓励印第安人积极参与教会工作。[26]巴差戎成为推行耶稣会与土著合作项目的核心区。

族群教育与思想观念

土著民众与巴差戎耶稣会的合作是一次典型的协作尝试,在这一过程中土著人的自我意识和自治观念被更进一步地激发出来。毋庸置疑,策尔塔尔人的文化能够传承保留下来,关键在于他们具有文化适应力的社会机制。如果一种文化要保持繁荣,要长期生存和不断发展,就必须要让本民族的知识代代传承。耶稣会士发现,策尔塔尔人有一种叫作群问制度(*jTijwanej*)的教育方法,由传统的导师制(*jNopteswanej*)发展而来。[27]在这种方式中,"提问方"(*jTijaw ta k'op*)类似于天主教问答模式中的发问者,就被询问者是否能做到知行一致展开一系列的"挑战、提问和质疑"。

在群问制度形成的过程中,群体参与取代过去一对一问答的模式,这样更多人能更深入地参与其中。群体参与的过程一般包括几个环节:自我探寻、问题反思、解决办法,反映了策尔塔尔人的传统习俗和价值观。在问答导师和参与者看来,这种方式既能体现导师的引领和指导职责,也能很好地让所有人有机会分享。其中的规则都是为了确保大家能达成共识,这也体现出当地人对群体协作、和谐共处的追求。具体程序如下:

98

1.提出问题（*yochibal k'op*，"导语"）。主持人讲述聚会的目的和理由，首先提出一些观点供参与者讨论。

2.介绍研读文本（*scholel k'op*，"介绍词"）。材料包括《圣经》、社区议案、调查报告等，主持人通过介绍材料的主要观点来启发参与者思考。

3.研读材料（*yilel hun*，"研读"）。传教士或其他人士也会提供相关材料或文件以便帮助参与者了解主题。

4.激发灵感（*stijel k'op*，"激发灵感"）。主持人点拨参与者需要反思什么问题、如何反思。

5.交流讨论（*snopel k'op*，"参悟"）。分小组讨论，然后各组选出一名代表分享结论。

6.汇集想法（*stsobel k'op*）。主持人鼓励参与者分享观点。

7.确认观点（*sutel k'op*）。主持人总结听到的观点，澄清问题。

8.反思（*te nopbil k'op*，"启悟"）。将讨论意见反馈给所有人，以确保大家观点一致。[28]

在考察奇赫村举行的地区会议时，我们多次旁观他们的学习过程，人们浓厚的参与兴趣、观念的一致性和讨论带来的启发意义给我们留下深刻印象。例如，有一次讨论的主题是妇女在群体中的作用。《路加福音》有一段讲的是耶稣治愈妇女的血漏之症，各个 99 小组从不同角度来思考其中的含义。按照传统，男女要分开讨论。几个小时后，他们在僻静处重新集合，分享观点。然而，有一组女性觉得表达观点最好的方式就是将它付诸行动。

她们真的将《圣经》中的耶稣、需要治疗的女人和使徒等角色以表演的形式细致入微地演出来，展现出策尔塔尔人对《圣经》的理解。接下来，该小组代表分享了她们的观点："妇女为什么流血？因为她们遭受贫穷、不公和被边缘化，这也是那些受苦受难的人流的血，只有当我们触摸了主，知道我们是谁，我们才能得到医治。"

可见，群问制度教育方法既吸收了本民族的传统文化，又融合了当代基督教和天主教/耶稣会的诠释方法。在训练、组织和执行过程中都可以看到巴差戎教会推行的这种合作方式。其中最引人注目的是，策尔塔尔印第安人才是真正的实施者，他们牢牢掌控着自己的命运，提出议程，解决问题，得出结论。例如在上述反思过程中，人们最终得出的结论是，必须有更多措施来保护妇女，让她们参与到社区生活的方方面面，确保她们的呼声被听到，努力使她们成为各社区的领导者。

文化适应/融合的群体

我们从没在其他地方见过民众和教会的关系能如此统一和谐，以一种理想的状态相处。当地教会的观念是，要让每一位成员参与进来，对群体负责，将精神价值观灌注到生活的各个方面。人们通过仪式来确认身份，树立群体领导者的权威。此外，因为需要不断反思，也就形成定期聚会学习的惯例。

我们曾采访过承担判决调解任务的四类主要人员。第一类是法官。在策尔塔尔人看来，"法官"是指"调解人们之间问题的人"。他们已经习惯"以社会分析的方法来解决冲突"，赞同以非暴力的形式解决争端，同时也了解墨西哥宪法、民法和刑法及国际人权法。

他们解决争端的惯例源于民族传统：由长者出面平息纠纷，这一传
统接近于一种"恢复性司法理念"。无论是与教会还是本族内部产
生纠纷，都按照这样的方式来解决。除了民事法官，即按照策尔塔
尔人的本族惯例解决一般的民事纠纷和轻微刑事案件的人，还有教
会法官，他们除了学习天主教教会法和按照教会内部的规定来处理
纠纷，也要学习土著人的调解办法。

　　第二类是教理人员，他们由社区推选为协调员（通常是男性）
一般都具有领导才干，乐于为大家服务，尊重社区，善于聆听，鲜少
发表议论。

　　第三类是护理人员（*poxtaywanej*）。*Pox*在策尔塔尔语里指
"药酒"或"药"。他们在急救常识、西医理论方面受过培训，也了
解本民族传统的疗愈仪式，能将三者融会贯通。此外，他们也将传
承策尔塔尔人的民族文化看作自己的职责。

　　第四类人员的领导者是执事（*jMuc'ubtsej*），这个词翻译成西
班牙语更准确的含义是，"让我们的心变得更广阔的人"。

土著人的神学观念：概述

　　如前所述，由于缺乏良好的医疗保障和殖民者的历史性杀戮，
印第安人曾濒临毁灭。他们在创建当地教会的过程中，一个重要举
措就是既医治身体也疗救灵魂。在外来的专业人士和本族的灵疗
者的共同努力下，他们提出一些逐渐得到认同的新观念，包括如何
认识印第安人的知识、如何看待他们的治疗术，以及如何与自然和
谐相处的在地观念。这无疑是一种新的观念，一种新的存在哲学，

可以称之为本土神学。这种本土神学是印第安人的创造，源于他们对犹太教和基督教经典的理解，源于他们的文化传统，源于他们在群体之中的积极反思和实践。

　　"和谐"是策尔塔尔人世界观的核心要义，是他们一切行为的精髓所在。在耶稣会任职的人类学家欧亨尼奥·毛雷尔总结说，策尔塔尔人获得幸福的根源有四。[29]首先，与他们视为"大地之母"的自然保持和谐。印第安人非常重视在生存环境中找到安宁与和平，这也会自然地达成第二点，即"个人内部的和谐"，或他们称之为"心有所居"（nakal yo'tan）。因此，也就不难实现第三点，即由家庭单位体现的社会和谐。在家庭中，配偶称呼对方为"我的另一半嘴，我的另一半心"（snhuhp jti', snhuhp ko'tan）。最终，在这样的社会中，还能够实现第四点，即群体内部的和谐，因为个人冲突通常发生在家庭成员之间，而决策是由整个社区的一致意见得出的。

　　在策尔塔尔人眼中，群体的利益高于一切，这也体现在他们对前文所说的"守护神"的崇拜。守护神负责保护、维持族群的和谐，日常细节中随处可见人们与守护神的密切关联。例如，人们认为圣所或教堂中守护神的雕像都是能听见、能看见一切的。[30]因此无论何时走进教堂，他们对每一尊雕像都会虔诚地敬拜，表达尊崇。同样，去别人家也要与主人家的每个人握手或亲吻来表示问候。年轻人会低头接受长辈的祝福，而长辈会轻轻地把手放在年轻人的头上。

　　因此，一旦有人打破社区群体的和谐，社区的守护神就会实施责罚，通过疗愈仪式来达成和解。在疗愈仪式中，人们会请"内心有智慧"的人来医治"病人"，因为他们相信和谐被打破会带来疾病，要通过祈求和"惩罚"[31]来恢复和谐。在和解仪式中，由调解人

（*jmeltsa'anwane*）负责让受伤害的双方和解。

例如，我们在奇赫村调研时，旁听了一桩年轻人强奸案的调解过程。调解人（通常是一对夫妻）分别与双方谈话，了解案件细节；然后分别与双方家属谈话。接下来，他们把当事人叫到一起，代表双方互相告知情况。最终，经过商议，年轻男子接受惩罚，两家人达成和解。

在另一个弥合伤痛的案例中，执事们共同治愈了一名丧妻的执事。前文提到过，策尔塔尔人认为作为单一个体的人是不完整的，要找到与之匹配的男人或女人才能称之为完整的人。（他们用来称呼"神父"的词实际上指的是"童男"，因为神父独身，属于不完整的人。）个体的和谐是这个被称为静心仪式的治疗过程中最关注的问题。其他执事（男执事和女执事）围成一圈，请丧妻的执事站在中间，递给他一支蜡烛。[32]所有人高举双手，跪下来为这名鳏夫祈祷，帮助他治疗心灵的痛苦。众人俯身对他低语，将力量传到他耳中。中间的男子流下痛苦的眼泪，但仪式会净化他的心灵；大家都能感受到他的痛苦，他需要重新恢复和谐。按照天主教教规，这名鳏夫不能再娶，也不能再担任执事。但按照策尔塔尔人的习俗，他必须再婚。两者解决问题的方式如此不同，后者不仅关乎鳏夫是否孤独，更表达了一种力图在破碎的世界里寻求平衡的群体观念。[33]

策尔塔尔人对《圣经》的翻译也是一个体现文化适应的典型例子。许多著名机构都努力将《圣经》翻译成各种语言（例如暑期语言学校），但大多是将欧洲语言版本的《圣经》逐字逐句翻译为其他语言。在将《圣经》翻译为策尔塔尔语的过程中，拥有主动权的是策尔塔尔人。策尔塔尔人的首领阿伯里诺·古斯曼

（Abelino Guzmán）和希尔韦托·莫雷诺（Gilberto Moreno）精通西班牙语和策尔塔尔语，带领本族的翻译者完成《圣经》的翻译。在会说策尔塔尔语的耶稣会同事帮助下，他们和家人一起完成这项工作。他们翻译的《圣经》以古代犹太教和基督教的《圣经》为母本，反映的却是策尔塔尔人的价值观。翻译过程中各有分工，三对夫妇负责阅读希伯来《圣经》的诠释文献，另外三对夫妇则负责阅读基督教的诠释文献。"虽然女人们不识字，"毛雷尔神父写道，"但她们的丈夫会读给她们听。有意思的是，她们没文化，也不太懂西班牙语，却更清楚怎么用古老的策尔塔尔语言来表达意思，对于最贴切地翻译某些观念提供宝贵见解"[34]。

上文提到的例子，以及策尔塔尔人独特的世界观对我们很有启发。西班牙语里的某些词（如Dios，上帝）在策尔塔尔语中找不到直接对应的翻译，但像"使徒"这样的词就可以翻译为"服事上帝的人"。对于策尔塔尔语中不存在的词，人们根据方言词根创造了新词；例如"钥匙"就是"用来打开的工具"。还有一个绝佳例子可以帮助我们理解策尔塔尔人独特的文化——"导师"一词的翻译。策尔塔尔语里把这个词译为 *j-nohp-tes-wan-ej*，意思是"让我学习，有责任让我学习的人"。类似的，法官也不是指"判刑的人"，而是指"在冲突中使各方和解的人"。《约翰福音》第15章第4节有段意味深长的话——"你们要常在我里面，我也常在你们里面"——翻译过来就是"愿你们的心合而为一，与我的心联合；我也要一心一意地与你们的心联合。"[35]

2005年7月12日，这项翻译成果的发布会隆重举行。欧亨尼奥·毛雷尔神父写道：

礼拜仪式在玛雅祭坛前举行,虔诚的信徒们以策尔塔尔人的方式祈祷。他们在玛雅祭坛的四个方向祈祷(大约20分钟),每个方位代表不同含义:北方,是风调雨顺的方向;南方,是炎热气候的方向;西方,是太阳落下的地方;东方,是太阳升起的地方。

诵经台上装饰着玉米叶,玉米粒被染成四种颜色,代表着策尔塔尔人的几个主要分支。玉米女神播下玉米种,又用它造出第一个玛雅人。玛雅人奉玉米为神圣之物,所以《圣经》被安放在玉米上。

仪式中人们向四个方向祈祷,主教也对着四个方向祷告,告知上帝的福音圆满降临在策尔塔尔人身上,转化为他们自己的语言。

弥撒的最后,四位主要译者(欧亨尼奥、希尔韦托、纳乔·莫拉莱斯和阿伯里诺神父)受到表彰,并向上帝衷心祈祷祝愿。[36]

土著神学:新的融合

在理想状况下,文化适应是一个过程,本土文化与外来宗教相互融合并最终开花结果。人类学称之为"文化变迁",即对文化连续性的适应和重新解释。这种本土和外来元素的融合的重要性在于,它(1)保持了经过协商的种族边界;(2)创造了新的方式来理解跨文化的意义;(3)将文化适应的思想观念与凸显本民族价值观念的情感归属融合。

这种对"地"和"存在"的新认识使古老的政治-社会-宗教体制在当代焕发新的光彩。因此,文化融合不是贬低和摈弃古老的

105

可持续发展方式,而是重新诠释祖辈的仪式、神话和传统并赋予新的活力。恰帕斯地区的耶稣会和天主教会与当地印第安人的积极协作本身并不是出于任何功利性的目的,而在于阐明印第安人自我成就的过程和目标。

因此,策尔塔尔人和耶稣会合作带来的启示是:宗教上的文化适应应该以保持文化自治,抵制西方的扩张主义和霸权为目的。关于文化适应的过程和目标,可参见表5.3和图5.2。

104

表5.3　恰帕斯地区的文化融合过程

如何做:文化嵌入、文化适应、跨界合作
态度:保持尊重,重视文化价值
同时促进:传统传承、本土教会、人权
中介:专业课程、文化相遇、会议、个案研究

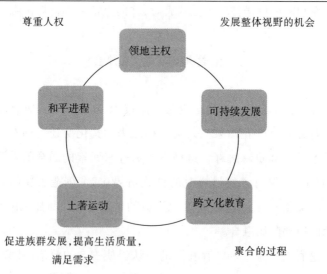

图5.2　恰帕斯地区文化融合的目标

结语

恰帕斯地区的策尔塔尔人与耶稣会士的合作有助于将追求人权的势力凝聚在一起，体现出人们抵制全球化，在主流文化之外保持民族独立性的决心。五百多年来，策尔塔尔人一直在遭受西方势力的压迫，被不断边缘化。无论过去还是现在，他们一直在积极抵抗那些试图同化他们、改变他们传统文化和社会体制的行为。进入21世纪初，当地文化又面临新的威胁，其中包括《北美自由贸易协定》的签订。因为随着石油勘探、采矿业、农业、旅游业、制造业的"发展"，恰帕斯的原始地块不断开发，过去人们以村庄和家庭为单位的生活方式被彻底改变。此外，作为官方教学语言的西班牙语和作为商业语言的英语也在不断渗透，危及本土文化。虽然在五旬节派人士看来，一切本土事物都应该归服在西方的圣灵脚下，但我们认为，以上危机产生的根本原因是对当地文化和人民缺乏尊重。

因此，通过将自身发展为一个具有文化适应力的本土社群，策尔塔尔人拥有了更为强大的社会体制来掌控民族命运。毫无疑问，天主教会是他们争取自治和获得民族认同感的强大盟友。策尔塔尔人让天主教会认识到他们悠久独特的文化和社会传统，也用实际行动帮助教会践行与穷人、边缘人群同在，服务穷人的主张。策尔塔尔人参与文化适应的过程——当然这是以在语言、集会、诉讼等方面保留民族独特性和主导地位为前提的——最终，他们的传统文化与21世纪天主教的神学理念实现完美融合，他们生活的这片土

106

地和这个生生不息的族群由此获得非常重要的和谐。这再次证明
本书的基本观念——文化身份的基础是一种不断传承的思想观念，
它是其他一切观念的来源和表现。策尔塔尔人的融合文化模式明
显源于前哥伦布时代的社会结构，即使到21世纪也仍然适用，能够
帮助他们保持平衡与和谐。

第六章

若干反思

关于"文化"的定义林林总总,我们选择将其视为一种思想观念。在界定什么是文化时,人们常常着眼于其功能(人类生存的过程中文化起到的作用)、历史(文化在时间维度上的位置)、政治意义(文化与权力统治之间的关联)和其他传统的文化范式。通过从思想观念层面来考察记忆的功能,我们认为文化在本质上就是一种无处不在的思想观念,赋予我们的价值观情感意义。因此,通过强调思想观念在形成和维系文化认同的重要性,我们认为文化生存的核心就是由宗教意识带来的内在动力和对殖民主义强权的抵抗行为。

在这一观念下,本书通过四个实例——瓜达卢佩圣母、雅基人、罗梅罗、策尔塔尔人——从形象、秘密和仪式、叙事、文化融合四个方面考察这些文化是如何凝聚群体、凸显身份的。神学家罗伯特·施赖特(Robert Schreiter)的概括颇为精辟:

> 文化是一种观念——它提供了一系列意义框架系统,用以解释世界或指导人们生活。在这一层面上,文化包括信念、价值观、立场和行为规则。其次,文化是一种带有展演性的仪

式,以一种具有凝聚力的特别方式呈现和展示本民族的历史和价值观。所谓展演,也包括人们的具体行为方式。第三,文化是一种物质——器物与象征符号都可以标明身份——包括语言、食物、服装、音乐或空间形态。[1]

108　　我们以四种特别的方式展现在抵制同化的过程中,文化在保持传统、解释价值观和思想引导方面起到的作用,而这四种方式——形象、秘密/仪式、叙事、融合——都是以个案的形式呈现。因此特别值得强调的是,我们所讨论的文化记忆完全不包括在生物学意义上将记忆视为一个可遗传的集体实体的观念。既然文化是为了不断适应社会和环境而后天习得的,在文化适应的过程中也就必然会有起伏变化。虽然有些后现代理论家仍在质疑是否存在真正的"文化",但我们坚持认为,人们在构建现实生活、作出价值判断时确实存在着某种本质和真理。这就是文化记忆的作用。

　　我们同意社会学家莫里斯·哈布瓦赫(Maurice Halbwachs)的观点,认为集体记忆植根于社会化过程和习俗中。[2]需要特别强调的一点是,文化记忆虽然体现在日常生活经验中,但不等同于日常经验本身,它是对后者的升华。文化记忆是锚定的,不会随时间而改变。[3]正如阿斯曼指出的,对重大历史事件的记忆是通过诸如文本、仪式、纪念碑、叙事和其他传播形式来展现的。[4]总之,我们在案例中反复重申文化记忆的六个要素:

　　1.身份。在主流世界观不断全球化的背景下,墨西哥人、雅基人、萨尔瓦多人和策尔塔尔人向我们展示了如何维护族群身份。他们之所以有力量抵抗西方的同化,是因为将自己的民族视为与主流文化不同的、有凝聚力的整体。

2.重构。我们当然不会认为墨西哥人、雅基人、萨尔瓦多人和策尔塔尔人的文化是一成不变的;相反,一个民族的文化是否具有活力,是否能祖祖辈辈传承下去,取决于它是否有能力解释和重构体现民族本质的知识。对当代人而言,记住过去并不代表要回到"美好的过去",而应该是一个创造意义的过程。重构过去也并非一味复制,而是学会与祖先的智慧共存。

3.文化适应。在任何一种文化中,传承民族核心价值观的方式都非常重要,因为它关乎如何保留前人的智慧。每个人的世界观都带有某种文化特性,那些被视为天经地义的观念为他们打上文化烙印。人总是在追求意义,需要在社会语境中寻求答案和指引。对于那些在智力层面上无法把握的东西,往往能通过某种带有情感色彩的解释来得到抚慰。正是那些旁人无法理解的民族观念构成了文化记忆的基本要素。

4.传播。记忆如何在交流中形成某种惯例,传播记忆又如何成为某种社会责任,考察在其中发挥作用的要素对理解文化记忆的传承非常重要。因此,我们研究了形象、叙事、秘密、仪式和融合的作用。这些都是记忆进行文化适应的方式。

5.义务。为确保本族文化在当今世界中生存下去,传承民族的价值观也成为一种义务。在我们接受教育和文化浸润的漫长过程中,会有很多需要履行的道德义务。我们的研究中也有不少例子:例如,雅基人必须遵守禁言、禁食、守约等戒律,还有其他维持身份认同的习俗规定。我们也提到过,当地的家

109

庭会给孩子讲述瓜达卢佩的故事,因为这也是他们传递文化形象的义务。那些聆听罗梅罗故事的人也有责任和义务继承他的遗志,继续斗争。策尔塔尔人对于他们生于斯长于斯的土地也担负着文化上的义务。

6.自反性。自反性是在元记忆的背景下理解日常事物的能力。文化记忆使人们的日常经历变得有意义。此外,如果将文化视为一种知识体系,这种自反性还能带来一种"健康"的民族中心主义。[5]策尔塔尔玛雅人的例子说明,在全球化无孔不入的今天,他们是如何以一种新的方式来诠释犹太-基督教《圣经》的,是如何将新时代的社会知识与本民族的生活相融合的。也许在北美的某个大城市里,一位年轻的墨西哥单身母亲从瓜达卢佩的故事中得到安慰和新生的力量时,会想起祖母给她讲这个故事时的情景。同样,萨尔瓦多那些失去孩子的母亲正是依靠罗梅罗的精神激励获得力量,而在菲尼克斯外的雅基人村落里,被外人视为贫穷的一切在某种程度上却也是他们的祖先留下的财富。

在全球化和殖民主义无处不在的今天,显然已经不存在任何"纯粹的"文化。文化接触、文化变迁和文化适应是必然的。在环境变化、信息浪潮、外来观念和物质商品的不断冲击下,没有任何文化能够保持一成不变,在几百年中仅靠复制前人的知识就得以生存至今。相反,所有文化都在想尽办法来吸收新的知识,在与前人对话的过程中体现本民族的核心价值观。我们在四个案例中讨论的核心记忆都是灾难性的,而这恰恰是促使那些民族更懂得保持文化

110

完整性,抵抗同化的关键。

此外,我们见证的解决之道是在保持文化独立的基础上积极协商。例如,听完瓜达卢佩的故事之后,人们不会忘记祖先如何在毁灭、适应或同化之间做出的选择。对瓜达卢佩的集体记忆会使他们想起本民族曾经的自由时代、遭遇的灭顶之灾,以及对理想生活的追求。这就是人们与现实生活积极协商的结果,无论在墨西哥城还是在明尼苏达州的德卢斯。同样,雅基人的后代也不会忘记被征服的恐怖,这是他们从古到今口耳相传的民族的秘密。如今,借助于各种繁复的仪式和庆典,菲尼克斯郊区的雅基人——无论他们从事什么职业,甚至包括拾荒者——得以凝聚在一起,在被边缘化的身份中找到真切的民族认同感。

在介绍罗梅罗和萨尔瓦多的案例时,我们讨论了灾难是如何被赋予重大意义的,因为它们促使人们为了继续抵制压迫和消灭贫穷而努力创造自己的文化记忆。通过叙事,人们对敢死队、对战争的恐惧和仇恨凝结为与罗梅罗同行的共同信念与义务。恰帕斯州策尔塔尔人的例子则显示出源于前哥伦布时代的文化记忆如何成为一种动力:那些被征服、被殖民统治的惨痛记忆如何成为他们坐下来与宿敌协商的动力,并由此为古老的仪式找到新的意义,在敌我关系中发掘出新的可能。

我们对文化记忆的研究源于激情和灵感,被那些耳闻目睹的 111 人和事深深感染。虽然多年来一直在与不同族群合作,但这次特殊的合作加深了我们的认识,使我们学会更加深入地思考如何全身心地去理解和讲授当今文化生存的问题。尽管全球化、主流社会和很多民族国家仍在排斥和同化其他文化,但也正遭到明显的抵抗。此外,在后工业社会中,仍有人认为文化思想和宗教算不上真正的知识,或者错误地将其视为政治工具,而我们坚持认为,人类真正的潜能和美德永远植根于文化思想。对那些被边缘化的、生活在飞地的、仍在为争取一席之地而努力斗争的群体来说,文化记忆是他们争取地位、获得合法性和表达自我的根源。智慧只能从不断的观察、倾听和学习中得来。

附录一 墨西哥独立后政治运动年表

时间	执政情况	公共政策		影响及土著运动
		农业经济	文化教育	
1857—1910	贝尼托·华雷斯执政	公共土地私有化	无土著教育文化支持政策	土著群体的"阶级战争"开始
自由派主政及30年独裁统治时期	1880—1910 波菲里奥·迪亚斯独裁统治	房地产开发者占据大片土地	设立为土著人提供教育的初级学校	雅基人、科拉人（Cora）、惠乔尔人（Huichol）、奥托米人（Otomi）纳瓦人为争夺土地权举行武装起义
		受意大利、西班牙、法国农场主殖民化影响	全社会挪用历史文化符号	

时间	执政情况	公共政策		影响及土著运动
		农业经济	文化教育	
1910—1930 墨西哥革命	F. I. 马德罗、V. 卡兰萨 执政	私占土地造成混乱局面	发起民族志研究,提出解 决方案	莫雷洛斯州爆发土地运 动,口号是"土地与自由"
	七年内战	征用大片土地,承认公社 合法化	成立教育部,创立土著寄 宿学校	土著种族统一协会成立
国家重建时期	修宪与颁布土地法	建立村社		革命制度党(Institutio- nal Revolutionary Party, PRI)成立
	A. 奥夫雷贡、P. E. 卡列 斯执政	在农业部下设立土著事 务局	文化同化现象	土著群体推动农业改革
1930—1940 农业和平与工业 化时期	波特斯·希尔、拉萨罗·卡 德纳斯执政	推行农业改革,几百万公 顷土地划归公社与村社 所有	创立墨西哥国家人类学 和历史研究所;土著事 务局改组为土著事务署	寄宿学校学生成立塔拉 乌马拉人(Tarahumara) 最高委员会和其他土著 组织
	第一届美洲土著大会在 墨西哥举行	创立农村信用社	设置33个区域性土著教 育中心,设立寄宿学校 在学校教育中使用土著语言	在革命制度党下成立全 国农民联合会

114

时间	执政情况	公共政策		影响及土著运动
		农业经济	文化教育	
1940—1970 巩固革命成果与现代化建设时期	M. A. 卡马乔、M. 阿莱曼、A. 鲁伊斯·科尔蒂内斯、G. 迪亚斯·奥尔达斯执政	推进土地分配工作	1963年起推行双语教育，促进土著群体发展，推动同化进程	与雅基人及其他民族群签订协议
		1948年11个区设立土著教育中心	在11个区的土著教育政策	安置土著群体
	大型水利工程和其他基础设施建设	文化同化理论与一体化政治导向	心推广双语教育政策	创立全国青年和土著社区联合会
		雅基文化遗产协会在牧豆谷成立		成立维护土著群体利益的新组织
				1968年爆发学生运动，呼吁深化改革
				奇瓦瓦州、格雷罗州、瓦哈卡州、墨西哥城等地爆发游击队运动

115

（续表）

时间	执政情况	公共政策		影响及土著运动
		农业经济	文化教育	
1970—1980	L.埃切瓦里亚、J.洛佩斯·波蒂略执政	土地改革过程中分配1200万公顷土地	创立原住民教育部，双语教育受到肯定	1974年第一次印第安人代表大会在恰帕斯举行
		成立60个区域土著教育中心以覆盖全国	设立社会与原住民问题研究机构	1975年第一次原住民大会在米却肯州举行，会后成立"原住民全国委员会"
		启动各类大型发展计划		全国原住民双语教授协会成立
1980—1990 《北美自由贸易协定》对话与新自由主义改革 边缘理论与贫困现象的出现	J.洛佩斯·波蒂略、M.德拉马德里、C.萨利纳斯·德戈塔里执政	土地改革进程减缓	覆盖性推广双语教育	新的原住民政治组织与政府发生冲突
		大力推进经济发展项目，边缘化与贫困问题突出	保护原住民文化遗产的文化项目持续增加	因支持项目减少，新的生产团体出现
		削减或取消农业支持项目	为传播本土语言，在土著生活地区建立广播电台	多党联盟出现
				大量非政府组织在农村地区提供援助

时间	执政情况	公共政策		影响及土著运动
		农业经济	文化教育	
1990至今 巩固新自由主义模式	C.萨利纳斯·德戈塔里、E.塞迪略、V.福克斯、F.卡尔德龙执政	萨利纳斯在任期间修改宪法第27条，允许进行土地交易，随后的塞迪略政府推进土地所有权计划，旨在完成土地正规化和土地改革进程	1992年修改宪法第4条 帮助土著身份获得承认的新知识分子运动 各政党对土著事务的态度转变	各政党中出现农民联盟 土著运动政治化以促进法律改革 1994年恰帕斯武装起义
1994年经济危机迅速复苏，但严重的不平等始终存在		市政基金覆盖范围扩大，推动团结方案 瓦哈卡州制定《土著人民和社区权利法》		1996年《圣安德烈斯协议》签订，建立若干自治市

附录二 国际重大事件及其对土著政治运动的影响（简表）

时间、组织、地点	事件	政策	影响
1940 米却肯州，帕茨夸罗	区域各国推动的美洲土著大会。	尊重和保护土著人民的发展。 建立促进土著发展的国家机构。	国会批准在墨西哥城建立拉丁美洲土著协会。 1948年成立国家土著研究所。
1949 联合国教科文组织 法国，巴黎	会议提出土著人民迫切需要解决的问题。 拉丁美洲地区基础教育中心成立（米却肯州）。	为土著教育培养专业教育人才。	对影响美洲教育政策产生影响。

时间、组织、地点	事件	政策	影响
1959—1968 美洲国家组织 美国，华盛顿	美洲国家组织为墨西哥制定应用社会科学发展方案。	培训该地区的人类学家和其他专业人员。	专业人员在土著研究所、土著教育和土著组织开展工作。
1957—1989 国际劳工组织 美国，纽约	通过1957年土著与部落人民第107公约和1989年第169号公约。	促进尊重土著文化以及土著特性和习俗的权利。	墨西哥通过国际劳工组第169号公约并立法。土著群体要求执行该法案。
1962—1965 第二次梵蒂冈大公会议 罗马	梵蒂冈肯定解放神学思想，发展传教组织。	通过教会当局和领袖活动体现对土著人民权利的认同。	教会吸纳土著人员，开展反思行动，尤以恰帕斯地区为代表。
1994 联合国 纽约	全球土著人民权利宣言项目。	人权委员会认识到尊重土著人民的权利、土地和文化资源是目前存在的迫切问题。	修订墨西哥宪法第4条相关法案，对国家及各州法律产生影响。
1992 美洲开发银行 西班牙，马德里	美洲开发银行出资在玻利维亚设立原住民基金。	建立土著社区及组织资源和技术援助机制。	墨西哥加入公约，为人类发展提供资助。 世界银行利用国际发展论坛资金创建原住民培训项目。

120

附录三 《圣安德烈斯协议》(《印第安人权与文化法规》, 1996）

对于全体会议第一阶段关于"土著权利和文化"议题提出的"联邦政府和萨帕塔民族解放军（Zapatista Army of National Liberation, EZLN）提交全国辩论和决策机构的联合声明""联邦政府和萨帕塔民族解放军就《议事规则》第1部分第4条向全国辩论和决策机构提出的联合提案""州政府和联邦政府关于《议事规则》第1部分第3条对恰帕斯的承诺"等决议：

A.联邦政府通过其代表团接受上述文件。

B.民族解放阵线通过其代表团接受上述文件。对于1996年2月14日在全体会议第二阶段拟订议题，民族解放阵线协商后建议在案文中增加、替换或删除内容如下：

1.萨帕塔民族解放军代表团坚持认为，基于目前全国土地问题形势严峻且缺乏解决办法，必须修改《宪法》第27条以反映埃米利亚诺·萨帕塔的宗旨，可概括为两项基本要求：土地属于劳动者、土地与自由（文件2，"联邦政府和萨帕塔民族解放军就《议事规则》第1部分第4条向全国辩论和决策机构提交的联合提案",第11页,第5段,"宪法和法律修正案",B段)。

2.关于可持续发展,萨帕塔民族解放军代表团认为,政府就土著人民土地和领地所受损害的赔偿未达预期,因此有必要制定真正可持续的政策以保护土著人民的土地、领地和自然资源,即要将开发项目的社会成本纳入考虑范围(文件1,"联邦政府和萨帕塔民族解放军提交全国辩论和决策机构的联合声明",第3页,"新的关系原则",第2段)。

3.关于"土著妇女的状况、权利和文化"议题,萨帕塔民族解放军代表团认为目前的协议要点未达到诉求。土著妇女因女性、土著和穷人三重身份而深受压迫,她们要求建立一个以另一种经济、政治、社会和文化模式运行的新社会,所有墨西哥人无论男女均享有平等权利(文件3.2,"恰帕斯州、联邦政府和萨帕塔民族解放军的承诺和联合提案","恰帕斯的行动和措施"第9页)。

4.萨帕塔民族解放军代表团认为,必须就各项议题商定具体落实的时间和条件,土著人民和有关当局需相互协商并制定执行方案和时间进度。

5.关于保证土著人民充分获得司法公正问题,萨帕塔民族解放军代表团认为,应在涉及土著人民的所有审判和诉讼中为其委派通晓土著语言且熟悉土著文化和法律制度的译员,并确保被告明确接受该译员(文件2,"联邦政府和萨帕塔民族解放军就《议事规则》第1部分第4条向全国辩论和决策机构提交的联合提案",第6页,"保证充分获得司法公正")。

123

6.萨帕塔民族解放军代表团认为,以立法形式保护移民的权利至关重要,无论其是否是土著人士,无论其生活在国内还是国外(文件1,"联邦政府和萨帕塔民族解放军提交全国辩论和决策机构的联合声明","保护土著移民",第5页,第8条)。

7.萨帕塔民族解放军代表团认为,为加强自治市的自治管理,政府必须明确承诺使其获得足够的基础设施、培训和经济资源(文件2,"联邦政府和萨帕塔民族解放军就《议事规则》第1部分第4条向全国辩论和决策机构提交的联合提案",第3页)。

8.关于通讯媒体,萨帕塔民族解放军代表团认为必须确保其获得关于政府活动的可靠、及时和充分的信息,确保土著人民能够使用现有的通讯媒体,以及拥有通讯媒体的权利(无线电广播、电视、电话、新闻、传真、通讯无线电、计算机和卫星信号)(文件2,"联邦政府和萨帕塔民族解放军就《议事规则》第1部分第4条向全国辩论和决策机构提交的联合提案",第9页,第8条"通讯媒体")。

C.关于B项所述文件的各项要求,双方代表团应在对话期间尽量协商以达成一致。

D.当事各方应向国家辩论和决策机构及其他有关机构提交当事各方达成协议和承诺的三份附件。

124   E.双方承诺将本决议提交全国辩论和决策机构及恰帕斯州有关机构,上述机构也应将B项主张的各项要求纳入商谈决议。

　　本文件及所附三份文件已根据《议事规则》和《恰帕斯对话、和解及尊严和平法案》相关条款正式合法化,并纳入《以公正尊严为前提的调解安抚协定》。

1996年2月16日

注 释

导 论

1. 参见Assmann's "Collective Memory and Cultural Identity," *Das kulturelle Gedahtnis*, and "Kolektives Gedachnis und kulturelle Identitat"。

2. Assmann, *Das kulturelle Gedahtnis*, 19.

3. Unknown author, "Cultural Memory," http://www.intergraphjournal.com/enhanced/articles/article201/page17.html, pages 1-2.

4. Guzmán Bockler, "Memoria colectiva," 194.

5. Schuster and Boschert-Kimmig, *Hope against Hope*, 17.

6. Ibid., 34.

7. Dussel, *Ethics and the Theology of Liberation*, 123.

第一章 文化记忆的概念

1. Hirsch, *Genocide and the Politics of Memory*, 10-11.

2. Hinchman and Hinchman, *Memory, Identity, Community*, xvi.

3. Ibid., 1.

4. Ibid., 30.

5. Barthes, 引自 ibid., 235。

6. Ibid.

7. Ibid., 265.

8. V. Schwarcz, *Bridge across Broken Time*, 4.

9. Schuster and Boschert-Kimmig, *Hope against Hope*, 68.

10. Davis, *Body as Spirit*, 151.

11. Schwarcz, *Bridge across Broken Time*, 13.

12. Becker, Annual address, 224.

13. Hirsch, *Genocide and the Politics of Memory*, 16-17.

14. Judith Miller, 引自 Schwarcz, *Bridge across Broken Time*, 23。

15. Schwarcz, *Bridge across Broken Time*, 17.

16. 本书中我们用"神话"表示一种理解和解释特定宇宙观念的文化方式，一种揭示共同文化价值观的方式。

17. O'Flaherty, *Other People's Myths*, 27.

18. Wolf, "The Virgin of Guadalupe," 34-39.

19. Hoornaert, *The Memory of a Christian People*, 8-9.

20. Ibid., 9.

第二章　形象的力量

126

1.《传述录》有很多版本，本书推荐欧内斯特·伯勒斯在最早的抄本基础上编辑的版本。关于诠释瓜达卢佩圣母故事的意义，可参见Elizondo's *La Morenita* and Siller's *Flor y canto del Tepeyac*。

2. 要进一步了解当时的历史语境，可参见Rodríguez, *Our Lady of Guadalupe*, 1-15。

3. 在墨西哥库埃纳瓦卡工作的瓜达卢佩本笃会修女在对来访代表团的演讲中提到了这个在民众中流传广泛的宗教故事。

4. Rodríguez, *Our Lady of Guadalupe*, 37.

5. Ibid., 38.

6. Ibid.

7. Ibid., 39.

8. Ibid.

9. Ibid.

10. Ibid., 40.

11. Elizondo, *La Morenita*, 85.

12. *A Handbook of Guadalupe*, 5.

13. Siller, *Flor y canto*,50. 西列尔的著作尚无英译本,书中所有引文均为作者自行翻译。

14. Madsen, "Religious Syncretism," 377-378.

15. Ibid.,378.

16. Siller, *Flor y canto*,61.

17. Metz, *Faith in History and Society*,184.

18. Ibid.,184-185.

19. Ibid.,114.

20. Siller, *Flor y canto*.

21. Berryman, *Liberation Theology*,9.

22. Siller, *Flor y canto*,12-13.

23. 参见 Ascheman, "Guadalupan Spirituality," 84。

24. Siller, *Flor y canto*,11.

25. 参见 Elizondo, *La Morenita*,47-48; Rojas, *Nican Mopohua*; Siller, *Flor y canto*,14。其中马里奥·罗哈斯著作的引文由本书作者翻译。

26. Cawley, *Guadalupe—from the Aztec Language*.

27. 参见 Burrus, *Oldest Copy*,3-4。

28. Ibid.,6-7.

29. Siller, *Flor y canto*,32.

30. Ibid.,27.

31. Elizondo, *La Morenita*,87-92.

32. Ibid.,88.

33. Ibid.,90.

34. Ibid.

35. Ibid.,91.

36. Metz, *Faith in History and Society*,159.

37. 这里所说的"救赎史"是指犹太-基督教对上帝降临人世的历史所做的解释。

38. 这是塞内加尔环保主义者巴巴·迪乌姆常被引用的一句话。

39. Metz, *Faith in History and Society*,159.

127

40. 参见 Elizondo, *Galilean Journey*; *La Morenita*。

41. 参见 Rodríguez, *Our Lady of Guadalupe*, 8, 17, 40; 和 Elizondo's recent publication *Guadalupe*: *Mother of the New Creation*。

42. John Donahue, public lecture at Mendocino College, California, August 1996.

43. Rodríguez-Holguín, "God Is Always Pregnant," 118.

44. 这里所说的"我们"可以泛指任何听过瓜达卢佩圣母故事并受其感染，产生文化认同感的群体。

第三章　秘密与仪式的力量

1. "客位"指的是从外部视角研究某一文化，也就是说，以"预先设定的分类标准来组织和解释人类学资料，而非该文化内部公认的分类标准"（微软英语词典，1999）。与此相对，"主位"采取的是该文化的内部视角。这是一组在社会学研究中广泛运用的概念。

2. McGuire, *Politics and Ethnicity*, 5.

3. Sheridan, "How to Tell the Story," 179.

4. Lutes, "Yaqui Enclavement," 15.

5. 这里的"种族文化灭绝"指某个族群的语言、习俗和行为被消灭的过程。

6. 这里的"大屠杀"指对某个种族的肉体屠杀。

7. 只有亲属才知晓本族深奥晦涩的知识，这是要义所在。从文献来看，其他族群也存在类似的情况，例如澳洲原住民和北美西北沿岸的族群。对于非原住民来说，这些东西可以看作土著们的不动产；也就是说，就像西方人认为房产和传家宝只属于某个特定家族一样，许多土著群体也把某些特殊的知识视为某个家族或家庭单位的私有财产。

8. McGuire, *Politics and Ethnicity*, 73–74.

9. Fleming, *Spiritual Exercises*, 31–32.

10. 参见 Anderson, "As Gentle as Lambs," 和 Morrison, "Baptism and Alliance"。

11. 参见 Steckley, "Warrior and Lineage," 379–509。

12. Fleming, *Spiritual Exercises*, 110–111.

13. Park, *Sacred Worlds*, 39.

14. Abicht, "Loyola, Lenin," 25.

15. Strasser, *Phenomenology of Feeling*, 17.

16. Abicht, "Loyola, Lenin," 28.

17. Richter, "Iroquois vs. Iroquois," 5.

18. Abicht, "Loyola, Lenin," 38.

19. 虽然有很多文章讨论耶稣会的使命,但人们对耶稣会的立身之本,以及他们选择这样一条不同道路的动机却知之甚少。若要更深入地了解耶稣会的编制和思想观念,可参见本书作者之一福蒂尔的著作《宗教与抵抗》(*Religion and Resistance*)。

20. Butzer, *Americas before and after 1492*, 551.

21. 参见 Acosta,引自 Butzer, *Americas before and after 1492*, 557。

22. Angrosino, "Culture Concept," 824.

23. 参见 Morrison, "Baptism and Alliance," 418–420。

24. Steckley, "Warrior and Lineage," 478–509.

25. Spicer, *Perspectives*, 25.

26. Ibid., 12.

27. 这里我们用"手植"一词来强调当时的人不用牲畜或者犁铧耕种。

28. Reff, "Old World Diseases," 89.

29. 爱德华·斯派塞是研究雅基民族志最知名的人类学家。虽然他关于雅基人的一系列研究成果令人印象深刻,但其研究方法和解释尚存在很多争议。最后,即使斯派塞本人也承认对雅基人的仪式缺乏足够的了解和把握,表示"我不知道如何解释它(例如,雅基人的庆典)"("Context," 324)。

30. Spicer, *Cycles of Conquest*, 46.

31. Pérez de Ribas, *My Life*, 101.

32. Spicer, *Cycles of Conquest*, 48.

33. 参见Pérez de Ribas, *My Life*, 103–109,其中生动地描述了西班牙人和成千上万的雅基人之间的战斗,以及后者惊人的战斗能力。

34. Ibid., 102.

35. Reff, "Old World Diseases," 92.

36. Spicer, *Cycles of Conquest*, 47-52.

37. Pérez de Ribas, *History*, 108.

38. Ibid., 110, 129.

39. Spicer, *Perspectives*, 32.

40. Ibid., 33-35.

41. 为了获得耶稣会士资格,到新大陆传教的耶稣会士都必须精通至少两种当地语言并定期接受考核。

42. Pérez de Ribas, *History*, 125-131.除佩雷斯·德·里瓦斯、托马斯·巴西利奥、胡安·德·阿德纳斯、迭戈·班德斯尼普、佩德罗·门德斯、安赫洛·巴莱斯特拉等神父,还有很多人也在耶稣会的传教组织内服务。在传教鼎盛时期,每个耶稣会士要负责对四千多名印第安人传教。

43. McGuire, *Politics and Ethnicity*, 5.

44. Pérez de Ribas, *History*, 116. 传教士将印第安人佩戴的十字形饰品误认为十字架,由此断定印第安人一心皈依基督教。其实不然,佩戴十字形饰品是土著人从古至今的习俗,代表辟邪和好运。

45. Spicer, *Perspectives*, 58-59.

46. 这些信仰是雅基人文化景观中的重要组成部分,他们是传统仪式的主要组织者。但我们显然无法解释清楚这些祭仪群体的构成和组织形式。

47. Hu-DeHart, *Yaqui Resistance and Survival*, 4.

48. Spicer, *Perspectives*, 27.

49. 1609—1767年,耶稣会士在南美洲建立了传教区,在这里向土著人传授文化艺术,帮助他们发展农业和畜牧业。耶稣会士被从新大陆召回以后,这些传教区就不复存在(哈登《现代天主教词典》)。也见Richter, "Iroquois vs. Iroquois," 和McNaspy, *Lost Cities of Paraguay*。

50. Burns, *Jesuits and the Indian Wars*, 41.

51. 要了解雅基人遭受的驱逐和灭绝手段,可参见Spicer, "Context of the Yaqui Easter Ceremony," *Cycles of Conquest*, *Perspectives*, and *The Yaquis*; Sheridan, "How to Tell the Story"; and Hu-DeHart, *Missionaries, Miners, and Indians*, *Yaqui Resistance and Survival*, and "Yaqui Resistance to Mexican Expansion"。

129

52. Lutes, "Yaqui Enclavement," 12-13.

53. 因为当时胡安·班德拉斯扛起一面绘有瓜达卢佩圣母像的旗帜加入战斗，发动了印第安人在索诺拉的反抗运动，后来在1832年被镇压；参见Spicer, *Perspectives*, 8。

54. Zoontjens, *Brief History*, 7.

55. McGuire, *Politics and Ethnicity*, 5.

56. Zoontjens, *Brief History*, 8.

57. Rev. Wasielski and the parish of Our Lady of Guadalupe, Annual Easter Program, 2000.

58. V. Turner, *Forest of Symbols*.

59. Jesuit Archives of New Spain, Vol. 2, Book 39.

60. Sands, "The Singing Tree," 356.

61. Sheridan, "How to Tell the Story," 179.

62. Hu-DeHart, *Yaqui Resistance and Survival*, 3.

63. Spicer, "Context," 313.

64. McGuire, *Politics and Ethnicity*, 1.

65. Spicer, "Context," 324.

66. 例如，斯派塞认为耶稣会士也利用戏剧来教化当地人，例如在旧大陆流传过来的受难复活剧中穿插一些当地的宗教仪式（"Context," 318）。

67. Painter, *With Good Heart*, 349.

68. Sands, "The Singing Tree," 359-362. 关于起源神话的相互融合，以及如何调和性地阐释与外来文化接触之前和接触过程中的本土宗教事件，这是一个相当精彩的分析范例。

69. 许愿是为了履行个人对上帝的义务，比如身体康复、获得成功等。这些都是非常重要的愿望，通常要花费一年甚至一生才能实现。

第四章 叙事的力量

1. 法拉本多·马蒂民族解放阵线是1980年在萨尔瓦多兴起的以共产主义为目标的游击队联盟运动，后来发展为该国的主要政党，其成员多为过去的激进派和相对温和的左派分子。该党与其他左翼党派结成有效联盟，在反对民族主义共和联盟的斗争中起到决定性作用。

2. Dear, *Oscar Romero*, 7.

3. Ibid., 14.

4. Juan Carlos, personal interview, November 1998.

5. 对很多人来说这是一个很有启发性的时刻,因为罗梅罗曾直言不讳地就普埃布拉会议文献中显示的问题提出批评。他这里提及的是1979年2月在墨西哥普埃布拉举行的拉丁美洲圣公会第三次大会上发布的文献。

6. Romero, "Church's Option for the Poor," Louvain, Belgium, February 2, 1980, in *Oscar Romero*, 175-177.

7. Ibid.

8. Ibid., 176.

9. Ibid., 177.

10. Interview with the staff of Equipo Maíz, November 1998.

11. Interview with "Carlos" at Radio UCA, November 1998.

12. 事实上,萨尔瓦多人民始终没有摆脱失踪和谋杀的困扰,1989年以来有多达2万人失踪。另外一桩案件是,2005年春天,路德大学的一名安保人员被吊死在树上——众所周知这所大学是解放神学的另一重镇。

13. Romero, address at Louvain University, February 2, 1980; Walsh, *Oscar Romero*, 178.

第五章 文化融合与文化适应的力量

1. 社会学家使用"文化融合"来指代外来文化元素被某一文化融合和重新定义的过程。

2. 文化适应是基督教团体在过去三十年中使用的一个术语。"简而言之,文化适应指信仰与文化或文化之间的持续对话。进一步而言,它是基督教教义与一种或多种文化之间创造性的动态关系"(Shorter, *Toward a Theology of Inculturation*, 11)。

3. 原文为*Jtatik*,字面意思是"我们的父亲",策尔塔尔语以此作为尊称。

4. 资料来源于2003年作者在墨西哥奇赫村策尔塔尔人和耶稣会士聚会的考察记录。

5. "原生社群"（Autochthonous community）是近年来天主教会使用的概念,强调不同文化在与基督教接触前就已存在自身的 "原初信仰"（Gremillion, Gospel of Peace and Justice, 5-21）。 Autochthonous一词源于希腊语,意为 "来源于土地"。

6. Zatyrka, "Formation," 226.

7. Ibid., 233.

8. http://www.houstonculture.org/mexico/chiapas.html

9. http://library.utoronto.ca/pcs/eps/chiapsl.html

10. Zatyrka, "Formation," 177.

11. 参见诸如 "De unico Evangelizandi modo," 引自 ibid., 177-178。

12. 西班牙人在征服和开发新大陆的过程中引进本国的风俗和传统,其中包括名为 "监护征赋制" 的强制劳动制度。这是西班牙王室给予西班牙征服者的特殊待遇,将印第安人的劳力作为这些人享有的财产之一。印第安人以商品、金属、货币和劳动力的形式向西班牙人纳贡。作为回报,西班牙人提供保护和基督教信仰上的指导。这些西班牙征服者负责守护自己的征服地,并向皇室纳税。

13. http://www.travelchiapas.com/about/about-5.php

14. 参见诸如加里·帕尔默（Gary Palmer）关于土著语言和地方研究, *Toward a Theory of Cultural Linguistics*。

15. Zatyrka, "Formation," 233.

16. Villa Rojas, "Notas," 197.

17. 在我们考察期间,策尔塔尔人的主食一般是玉米饼和豆子。

18. 这些合作社包括农场和合作社,前者主要使用它尊崇自然的本土方式来种植玉米等作物,养育家畜;后者服务于咖啡种植者,以合理的价格收购咖啡豆。

19. 要进一步了解奥马哈式的姻亲制度,可参见Fox, *Kinship and Marriage*, 225。

20. 参见诸如Stone, *Kinship and Gender*。

21. Zatyrka, "Formation," 229.

22. Ibid., 234.

23. Ibid., 239-242.

24. Maurer, *Los Tseltales*, 445.

25. Zatyrka，"Formation，" 189. 当时有来自1000多个印第安社区的40万人参加了为期一年的大会筹备工作。

26. Ibid.，189，190，191.

27. Ibid.，197-198.

28. Ibid.，201-203.

29. Maurer, unpublished manuscript，1.

30. Maurer, personal communication, October 2005.

31. 毛雷尔指出，一般以在公开仪式接受鞭打作为惩罚，以弥补导致疾病的过错。

32. 蜡烛和熏香具有重要意义。策尔塔尔人相信蜡烛代表灵魂之光和祈祷；而熏香是对上帝的祈祷。点燃蜡烛开始祈祷时，人们要留在原地，等到蜡烛燃烧熄灭之后才能离开。

33. 耶稣会士曾向罗马教廷请求允许已婚的执事被任命为祭司，也获得准允让丧夫的女性执事再婚并保留执事职位。虽然按教会规定，执事只能缔结一次婚姻，但所有执事都有权向罗马教廷申请特许。策尔塔尔人有着自身独特的文化处境和文化行为，对于身为土著的他们而言，这不是什么稀奇的事情。例如，在阿拉斯加地区的尤皮克人（Yupik）中传教的耶稣会士就经常向罗马教廷申请特许再婚。

34. Jeanne Berwick, personal communication, September 2005.

35. Eugenio Maurer, personal communication, October 2005.

36. Ibid.

第六章　若干反思

132

1. Schreiter, *The New Catholicity*，29.

2. Assmann，"Collective Memory，" 125.

3. 乔纳森·博亚仁（Jonathan Boyarin）则指出，哈布瓦赫虽然没有直接在具体历史语境中讨论文化记忆，但其论著确实暗示了历史的重要性。参见 Boyarin，*Remapping Memory*，24。

4. Ibid.，126.

5. Ibid.，129-130.

参考文献

Abicht, Ludo. "Loyola, Lenin, and the Road to Liberation." *Monthly Review* *36* (October 1984): 24–31.

Accords of San Andrés. http: //www.ezln.org/san andres/acuerdos.en.htm (2006).

Acosta, José de. *Historia natural y moral de las Indias* [1590]. In *Obras del P. José de Acosta de la Compañía de Jesús*, ed. Francisco Mateos. Biblioteca de Autores Españoles (continuación),73: 3–247. Madrid: Ediciones Atlas,1954.

Adams, Walter R., ed. "Social Structure in Pilgrimage and Prayer: Tzeltels as Lords and Servants." In *Pilgrimage in Latin America*,109–121. Westport, CT: Greenwood,1991.

Alegre, Francisco Xavier. *Historia de la Provincia de la Compañía de Jesús de Nueva España*. Vol.9. Rome: Jesuit Historical Institute,1956.

——. *Historia de la Provincia de la Compañía de Jesús de Nueva España*. Vol. 16. Rome: Jesuit Historical Institute,1959.

Alexander, Jeffrey C. "Introduction: Durkheimian Sociology and Cultural Studies Today." In *Durkheimian Sociology: Cultural Studies*, ed. Jeffrey C. Alexander,1–21. Cambridge: Cambridge University Press,1988.

Alexy, Trudi. *The Mezuzah in the Madonna's Foot*. New York: Simon and Schuster,1995.

Alonso, Ana Maria. "The Effects of Truth: Pre-representations of the Past and the Imagining of the Community." *Journal of Historical Sociology* 1 (1988): 33–57.

Anderson, Karen. "As Gentle as Lambs: Images of Huron and Montagnai-Haskapi Women in the Writings of the Seventeenth-Century Jesuits." *Canadian Review of Sociology and Anthropology* 25, no.4 (1985): 560–576.

Angrosino, Michael V. "The Culture Concept and the Mission of the Roman Catholic church." *American Anthropologist* 96, no.4 (1992): 824–832.

Ascheman, Thomas J. "Guadalupan Spirituality for Cross-cultural Missionaries." M.A. thesis, Catholic Theological Union at Chicago, 1983.

Assmann, Jan. "Collective Memory and Cultural Identity." *New German Critique* 65 (Spring–Summer 1995): 124–135.

——. *Das kulturelle Gedahtnis: Schrift, Erinnerung und politische Identitain fraen Hochkulturen*. Munich: Beck, 1992.

——. "Kolektives Gedachnis und kulturelle Identitat." In *Kultur und Gedahnis*, ed. Jan Assmann and T. Holscher, 9–19. Frankfurt: Suhrkamp, 1988.

——. "Stein und Zeit: Das 'monumentale' Gedachtnis der altagyptischen Kultur." In *Kultur und Gedahnis*, ed. Jan Assmann and T. Holscher, 87–114. Frankfurt: Suhrkamp, 1988.

Avruch, Kevin, and Walter P. Zenner, ed. *Critical Essays on Israeli Society, Religion, and Government*. Albany: State University of New York Press, 1997.

Bailey, Helen Miller, and Abraham P. Nasatir. *Latin America: The Development of Its Civilization*. New Jersey: Prentice Hall, 1968.

Bancroft, Hubert Howe. *History of the North Mexican States and Texas*. 2 vols. San Francisco: The History Company, 1884.

Bannon, John Francis. *Missionary Frontier in Sonora, 1620–1687*. New York: U.S. Catholic Historical Society, 1955.

Barker, William B. "Eyewitness at Vicam Station: Bill Barker Remembers the Yaqui Revolt of 1926." *Journal of Arizona History* 37, no.4 (1996):

357–369.

Bartlett, F. C. *Remembering*. Cambridge: Cambridge University Press, 1932.

Bausch, William J. *Storytelling: Imagination and Faith*. Mystic, Conn.: Twenty-Third Publications, 1984.

Becker, Carl. Annual address of the president of the American Historical Association, delivered at Minneapolis, December 29, 1931. *American Historical Review* 37, no.2 (January 1932): 221–236.

Belli, Robert F., Howard Schuman, Steven Blixt, and Benita Jackson. "The Misremembering of Important Past Events." Paper presented at the American Association for Public Opinion Research conference, Ft. Lauderdale, Fla., 1995.

Berryman, Philip. *Liberation Theology: The Essential Facts about the Revolutionary Movement in Latin America and Beyond*. New York: I. B. Taurus and Co., 1987.

Billings, Dwight B. "Religion as Opposition: A Gramscian Analysis." *American Journal of Sociology* 96, no.1 (1990): 1–31.

Bloch, Maurice E. F. *How We Think They Think: Anthropological Approaches to Cognition, Memory, and Literacy*. Boulder, CO: Westview Press, 1998.

Boyarin, Jonathan, ed. *Remapping Memory: The Politics of Timespace*. Minneapolis: University of Minnesota Press, 1994.

Brown, Kenneth. "Polish Jews in Paris: The Ethnography of Memory." *American Anthropologist* 95 (1993): 239.

Burns, Robert Ignatius. *The Jesuits and the Indian Wars of the Northwest*. Moscow: University of Idaho Press, 1960.

Burrus, Ernest J. *The Oldest Copy of the Nican Mopohua*. CARA Studies on Popular Devotion Vol.4; Guadalupan Studies No.4. Washington, D.C.: Center for Applied Research in the Apostolate (CARA), 1981. Pamphlet.

——. *The Basic Bibliography of the Guadalupan Apparitions*. CARA

Studies on Popular Devotion Vol.4. Washington, D.C.: Center for Applied Research in the Apostolate (CARA), 1983. Pamphlet.

Butzer, Karl W., ed. *The Americas before and after 1492: An Introduction to Current Geographical Research.* Annals of the Association of American Geographers 82, no. 3. Boston: Blackwell, 1992.

——. "From Columbus to Acosta: Science, Geography, and the New World." In *The Americas before and after 1492*, ed. Karl W. Butzer, 543–565. Annals of the Association of American Geographers 82, no.3. Boston: Blackwell, 1992.

Carlyle, Thomas. *Past and Present.* New York: Charles Scribner's Sons, 1918.

Cawley, Martinua. *Guadalupe—from the Aztec Language.* CARA Studies in Popular Devotion, no.2; Guadalupan Studies, no.6. Lafayette, OR: Guadalupe Abbey, 1984.

Chevalier, François, ed. *Instrucciones a los hermanos jesuitas administradores de haciendas.* Mexico City: Universidad Nacional Autónoma de México, 1950.

Collier, George Allan. *Basta!: Land and the Zapatista Rebellion in Chiapas.* Oakland, CA: The Institute for Food and Development, 1994.

Connerton, Paul. *How Societies Remember.* Cambridge: Cambridge University Press, 1989.

Csikzentmihalyi, Mihaly, and Fausto Massimini. "On the Psychological Selection of Biocultural Information." *New Ideas in Psychology* 3 (1985): 115–138.

Davis, Charles. *Body as Spirit: The Nature of Religious Feeling.* New York: Seabury Press, 1976.

Dear, John. *Oscar Romero and the Non-Violent Struggle for Justice.* Erie, PA: Pax Christi, 1991.

"Demography of Chiapas." http://www.travelchiapas.com/about-5.php, Vol.2005: Travel Chiapas, 2004.

Dunne, Peter Masten. *Early Jesuit Missions in Tarahumara.* Berkeley: University of California Press, 1948.

——. *Pioneer Black Robes on the West Coast.* Berkeley: University of California Press, 1940.

Duran, Livie I., ed. *Introduction to Chicano Studies: A Reader.* 2d ed. New York: Prentice Hall, 1982.

Dussel, Enrique. *Ethics and the Theology of Liberation.* Translated by Bernard F. McWilliams. Maryknoll, NY: Orbis Books, 1978.

Edgerton, Gary. "Ken Burns's America: Style, Authorship, and Cultural Memory." *Journal of Popular Film and Television* 21 (Summer 1993): 50.

Eliade, Mircea. *Patterns in Comparative Religion.* New York and Cleveland: World Publishing Company, 1971.

Elizondo, Virgilio P. *Galilean Journey: The Mexican-American Promise.* Maryknoll, NY: Orbis Books, 1983.

——. *Guadalupe: Mother of the New Creation.* Maryknoll, NY: Orbis Books, 1997.

——. *La Morenita: Evangelizer of the Americas.* San Antonio, TX: Mexican-American Cultural Center, 1980.

Evers, Larry, and Felipe S. Molina. *Yaqui Deer Songs, Maso Bwikam: Native American Poetry.* Tucson: University of Arizona Press, 1987.

Farris, Nancy M. *Crown and Clergy in Colonial Mexico, 1759–1821: The Crisis of Ecclesiastical Privilege.* London: University of London, Athlone Press, 1968.

Fentress, James, and Chris Wickham. *Social Memory.* Oxford: Blackwell, 1992.

Fleming, David. *The Spiritual Exercises of St. Ignatius: A Literal Translation and a Contemporary Reading.* St. Louis, Mo.: St. Louis Institute of Jesuit Sources, 1998.

Fortier, Ted N. "Piercing Hearts: Coeur d'Alene Indians and Jesuit Priests on the Columbia Plateau." Ph.D. diss., Washington State University, 1995.

——. *Religion and Resistance in the Encounter between Coeur d'Alene Indians and Jesuit Missionaries.* New York: Mellen, 2002.

Fox, Robin. *Kinship and Marriage: An Anthropological Perspective.* New

York: Cambridge University Press, 1967.

Frisch, Michael. "American History and the Structures of Collective Memory: A Modest Exercise in Empirical Iconography." *Journal of American History* 75 (March 1989): 1130.

García, Luis Navarro. *Sonora y Sinaloa en el Siglo XVII*. Sevilla: Consejo Superior de Investigaciones Científi cas, 1967.

Garrison, Charles E. *Two Different Worlds: Christian Absolutes and the Relativism of Social Science*. Newark, N.J.: Associated University Press, 1988.

Geertz, Clifford. *The Interpretation of Cultures*. New York: Basic Books, 1973.

Goldberg, Michael. *Theology and Narrative: A Critical Introduction*. Nashville, Tenn.: Abingdon Press, 1982.

Gossen, Gary H., ed. *South and Meso-American Native Spirituality: From the Cult of the Feather Serpent to the Theology of Liberation*. In collaboration with Miguel León-Portilla. New York: Crossroads, 1993.

Gradie, Charlotte May. "Jesuit Missions in Spanish North America, 1566–1623." Ph.D. diss., University of Connecticut, 1990.

Greene, Gayle. "Feminist Fiction and the Uses of Memory." *Signs: Journal of Women in Culture and Society* 16, no.2 (1991): 290–321.

Gremillion, Joseph. *The Gospel of Peace and Justice: Catholic Social Teaching since Pope John*. Maryknoll, N.Y.: Orbis Books, 1976.

Gusfi eld, Joseph R., and Jerzy Michalowicz. "Secular Symbolism: Studies of Ritual, Ceremony, and the Symbolic Order in Modern Life." *Annual Review of Sociology* 10 (1984): 417–435.

Guzmán Bockler, Carlos. "Memoria colectiva, identidad histórica y conciencia étnica en Guatemala." *Revista Mexicana de Ciencias Políticas y Sociales* (Mexico City) 27, no.103 (1981): 193–208.

Halbwachs, Maurice. *The Collective Memory*. New York: Harper, 1980. Originally published in 1950.

——. *On Collective Memory*. Translated by Lewis Coser. Chicago: University of Chicago Press, 1992.

A Handbook of Guadalupe. Kenosha, WI: Franciscan Marystories Press, 1974.

Harding, Sandra. *Whose Science? Whose Knowledge? Thinking from Women's Lives*. Ithaca, NY: Cornell University Press, 1991.

Hardon, John. *Modern Catholic Dictionary*. Garden City, N.Y.: Doubleday, 1980.

Hauser, Kornelia. "Feminist Literature as an Element of a Cultural Memory." *Argument* 30 (1988): 326–337.

Hinchman, Lewis P., and Sandra K. Hinchman. *Memory, Identity, Community—the Idea of Narrative in the Human Sciences*. Albany: State University of New York Press, 1997.

Hirsch, Herbert. *Genocide and the Politics of Memory*. Chapel Hill and London: University of North Carolina Press, 1995.

Hirsch, Maurice. "Family Pictures: Maus, Mourning, and Post-Memory." *Discourse: Theoretical Studies in Media and Culture* 15, no.2 (1992–1993): 3–29.

"History of Chiapas." http://www.houstonculture.org/mexico/chiapas.html, Vol. 2005, 2004.

Hoffman, Ronan. *Pioneer Theories of Missiology*. Washington, D.C.: Catholic University of America, 1960.

Hoornaert, Eduardo. *The Memory of a Christian People*. Maryknoll, N.Y.: Orbis Books, 1988.

Hu-DeHart, Evelyn. *Missionaries, Miners, and Indians: Spanish Contact with the Yaqui Nation of Northwestern New Spain, 1533–1820*. Tucson: University of Arizona, 1981.

——. *Yaqui Resistance and Survival: The Struggle for Land and Autonomy 1821–1910*. Madison: University of Wisconsin Press, 1984.

——. "Yaqui Resistance to Mexican Expansion." In *The Indian in Latin American History: Resistance, Resilience, and Acculturation*, ed. John E. Kicza, 141–169. Wilmington, Del.: Scholarly Resources, 1993.

"Human Rights in Chiapas." http://www.library.utoronto.ca/pcs/eps/chiapas.htm, Vol. 2005: University of Toronto, 2004.

Ibarra, Jorge Luis. *Propiedad agraria y sistema político en México*. Sonora, Mexico: Colegio de Sonora, 1989.

Isenberg, Noah. *Between Redemption and Doom: The Strains of German-Jewish Modernism*. Lincoln: University of Nebraska Press, 1999.

Jackson, Robert H. *Indian Population Decline: The Missions of Northwestern New Spain, 1687–1840*. Albuquerque: University of New Mexico Press, 1994.

Jesuit Archives of New Spain. Vol.2, Book 39. Microfiche file, St. Louis University, St. Louis, Mo.

Knapp, Steven. "Collective Memory and the Actual Past." *Representations* 26 (Spring 1989): 134–147.

Kolaz, Thomas M. "Tohono O'odham Fariseos at the Village of Kawori'k." *Journal of the Southwest* 39, no.1 (1997): 59–77.

Kragh, Hekge. *Quantum Generations: A History of Physics in the Twentieth Century*. Princeton: Princeton University Press, 1999.

Krausz, Michael, ed. *Relativism: Interpretation and Confrontation*. Notre Dame: University of Notre Dame Press, 1989.

Kurtz, Donald V. "The Virgin of Guadalupe and the Politics of Becoming Human." *Journal of Anthropological Research* 38 (Summer 1982): 192–210.

Lachieze-Rey, Marc. *Cosmology: A First Course*. Translated by John Simmons. Cambridge: Cambridge University Press, 1995.

Larson, Magali S. "Reading Architecture in the Holocaust Memorial Museum: A Method and an Empirical Illustration." In *From Sociology to Cultural Studies: New Perspectives*, ed. Elizabeth Long, 62–90. Malden, Mass.: Blackwell Publishers, 1997.

Levine, Robert. *A Geography of Time*. New York: Basic Books, 1997.

Lewis, Pierce. "The Future of Our Past: Our Clouded Vision of Historic Preservation." *Pioneer American* 7, no.1 (1975): 1–20.

Lutes, Steven V. "Yaqui Enclavement: The Effects of an Experimental Indian Policy in Northwestern Mexico." In *Ejidos and Regions of Refuge in Northwestern Mexico*, ed. Phil Weigard, 11–22. Anthropological Papers of the, University of Arizona, Vol.46. Tucson: University of Arizona Press, 1987.

MacEoin, Gary. *The People's Church: Bishop Samuel Ruiz of Mexico and Why He Matters.* New York: Crossroads,1996.

Madsen, William. "Religious Syncretism." In *Social Anthropology*, Vol.3, *Handbook of Middle American Indians*, ed. Manning Nash,369–391. Austin: University of Texas Press,1967.

Maines, David R., Noreen M. Sugurue, and Michael A. Katovich. "The Sociological Impact of G. H. Mead's Theory of the Past." *American Sociological Review* 48 (1983): 161–173.

Markovits, Andrei S. *The German Predicament: Memory and Power in the New Europe.* Ithaca: Cornell University Press,1997.

Maurer, Eugenio. *Los Tseltales.* Mexico City: Centro de Estudios Educativos, 1983.

——. "The Tzeltal Maya-Christian Synthesis." In *South and Meso-American Native Spirituality*, ed. Gary Gossen,228–250. New York: Crossroads, 1993.

McGuire, Thomas R. *Politics and Ethnicity on the Rio Yaqui: Potam Revisited.* Tucson: University of Arizona Press,1986.

McNaspy, Clement J. *Lost Cities of Paraguay: Art and Architecture of the Jesuit Reductions, 1607–1767.* Chicago: Loyola University Press,1981.

Metz, Johann Baptist. *Faith in History and Society: Toward a Practical Fundamental Theology.* New York: Crossroads,1980.

Miles, Margaret. *Image as Insight.* Boston: Beacon Press,1985.

Monumentos Guadalupanos, Nican Mopohua. Mexico, ca.1548, series 1. New York: Public Library of New York City, Ramírez Collection.

Morris, Walter. *Living Maya.* New York: Harry N. Abrams,1987.

Morrison, Kenneth M. "Baptism and Alliance: The Symbolic Mediations of Religious Syncretism." *Ethnohistory* 37, no.4 (1990): 416–435.

Nelson, Cary, and Walter Kalaidjian. *Repression and Recovery: Modern*

American Poetry and the Politics of Cultural Memory. Madison: University of Wisconsin Press, 1989.

Nora, Pierre. "Between Memory and History: Les Lieux de Memoire." *Representations* 26 (Spring 1989): 7–25.

O'Flaherty, Wendy Doniger. *Other People's Myths*. New York: Macmillan, 1988.

Painter, Muriel Thayer. *Easter at Pascua Village*. Tucson: University of Arizona Press, 1960.

———. *Faith, Flowers, and Fiestas: The Yaqui Indian Year*. Tucson: University of Arizona Press, 1962.

———. *With Good Heart: Yaqui Beliefs and Ceremonies in Pascua Village*. Tucson: University of Arizona Press, 1986.

Palmer, Gary. *Toward a Theory of Cultural Linguistics*. Austin: University of Texas Press, 1996.

———. "Where the Muskrats Are: The Semantic Structure of Coeur d'Alene Place Names." *Anthropological Linguistics* 32 (1990): 263–294.

Park, Chris. *Sacred Worlds: An Introduction to Geography and Religion*. New York and London: Routledge, 1994.

Pérez de Ribas, Andrés. *History of the Triumphs of Our Holy Faith against the Most Barbarous and Fierce People of the New World*. Translated by Daniel Reff and Richard Danford. Tucson: University of Arizona Press, 1990. Original published in 1644.

———. *My Life among the Savage Nations of New Spain*. Los Angeles: Ward Ritchie Press, 1968.

Perkins, David. "Repression and Recovery: Modern American Poetry and the Politics of Cultural Memory." *Style* 25 (1991): 156.

Polzer, Charles W. *Rules and Precepts of the Jesuit Missions of Northwestern New Spain*. Tucson: University of Arizona Press, 1976.

Rees, Billie DeWalt, Martha Rees, and Arthur D. Murphy. *The End of Agrarian Reform in Mexico: Transformation of Rural Mexico*. San Diego: University of San Diego Press, 1994.

Reff, Daniel T. "Old World Diseases and the Dynamics of Indian and Jesuit Relations in Northwestern New Spain, 1520–1660." In *Ejidos and Regions of Refuge in Northwestern Mexico*, ed. N. Ross Crumrine and Phil C. Weigand, 46: 85–93. Tucson: University of Arizona Press, 1987.

Reynolds, Mary Stephanie. "Yaqui Deer Songs: Maso Bwikam, Native American Poetry." *American Indian Quarterly* 14, no.2 (1990): 204.

Richter, Daniel K. "Iroquois vs. Iroquois: Jesuit Mission and Christianity in Village Politics, 1642–1686." *Ethnohistory* 32, no.1 (1986): 1–16.

Robinson, Alfred Eugene. "Beneath the Masks of the Pahkola: Survival, Continuity, and Renaissance in the Body of the Yaqui Tradition." Master's thesis, University of California Los Angeles, 1992.

——. "The Legend of the First Pahkola: Structure and Counter-structure in a Syncretistic Yaqui Myth." *Wicazosa Review* 9, no.1 (1993): 1–3.

Roca, Paul M. *Spanish Jesuit Churches in Mexico's Tarahumara*. Tucson: University of Arizona Press, 1979.

Rodríguez, Jeanette. *Our Lady of Guadalupe: Faith and Empowerment among Mexican American Women*. Austin: University of Texas Press, 1994.

Rodríguez-Holguín, Jeanette. "God Is Always Pregnant." In *The Divine Mosaic: Women's Images of the Sacred Power*, ed. Theresa King, 111–126. St. Paul, Minn.: YES International Publishers, 1994.

Rojas, Mario, trans. *Nican Mopohua*. Translation from Nahuatl to Spanish. Huejutla, Hidalgo, Mexico: N.p., 1978.

Romero, Oscar. "Church's Option for the Poor." In *Oscar Romero, Voice of the Voiceless: The Four Pastoral Letters and Other Statements*, trans. Michael J. Walsh, 175–177. Maryknoll, N.Y.: Orbis Books, 1985.

Rosenman, Stanly, and Irving Handelsman. "The Collective Past, Group Psychology and Personal Narrative: Shaping Jewish Identity by Memoirs of the Holocaust." *American Journal of Psychoanalysis* 50 (June 1990): 151–170.

Ross, John. *Rebellion from the Roots: Indian Uprising in Chiapas*. Monroe,

Maine: Common Courage Press, 1995.

Sands, Kathleen M. "The Singing Tree: Dynamics of a Yaqui Myth." *American Quarterly* 35, no.4 (1983): 355–375.

Schreiter, Robert J. *The New Catholicity: Theology between the Global and Local*. Maryknoll, NY: Orbis Books, 1998.

Schuman, Howard, Robert F. Belli, and Katherine Bischoping. "The Generational Basis of Knowledge." In *Collective Memories of Political Events: Social Psychological Perspectives*, ed. Dario Paez, James W. Pennebaker, and Bernard Rime, 47–78. Hillsdale, NJ: Lawrence Erlbaum, 1997.

Schuman, Howard, and Jacqueline Scott. "Generations and Collective Memories." *American Sociological Review* 54 (1989): 359–381.

Schuster, Ekkehard, and Reinhold Boschert-Kimmig. *Hope against Hope: Johann Baptist Metz and Elie Wiesel Speak Out on the Holocaust*. New York: Paulist Press, 1999.

Schwarcz, Vera. *Bridge across Broken Time: Chinese and Jewish Cultural Memory*. New Haven and London: Yale University Press, 1998.

Schwartz, Barry. "Iconography and Collective Memory: Lincoln's Image in the American Mind." In *Sociological Quarterly* 32 (1991): 301–319.

——. "Rereading the Gettysburg Address: Social Change and Collective Memory." *Qualitative Sociology* 19, no. 3 (1996): 395–423.

——. "The Social Context of Commemoration: A Study in Collective Memory." *Social Forces* 61 (1982): 374–402.

Sheridan, Thomas E. "How to Tell the Story of a 'People without History': Narrative versus Ethno-historical Approaches to the Study of the Yaqui Indians through Time." *Journal of the Southwest* 30, no.2 (1988): 168–189.

Shorter, Aylward. *Toward a Theology of Inculturation*. Maryknoll, N.Y.: Orbis Books, 1988.

Shweder, Richard A., and Robert A. LeVine, eds. *Cultural Theory: Essays on Mind, Self, and Emotion*. New York: Cambridge University Press, 1984.

Siller, Clodomiro A. *Flor y canto del Tepeyac: Historia de las apariciones de Santa María Guadalupe.* Mexico City: Servir, 1981.

Spicer, Edward H. "Context of the Yaqui Easter Ceremony." In *New Dimensions in Dance Research: Anthropology and Dance—The American Indian*, ed. Thomas Comstock, 318–346. New York: Committee on Research in Dance, 1972.

——— . *Cycles of Conquest: The Impact of Spain, Mexico, and the United States on the Indians of the Southwest, 1533–1960.* Tucson: University of Arizona Press, 1976.

——— , ed. *Perspectives in American Indian Culture Change.* Chicago: University of Chicago Press, 1961.

——— . *The Yaquis: A Cultural History.* Tucson: University of Arizona, 1980.

Steckley, John. "The Warrior and Lineage: Jesuit Use of Iroquoian Images to Communicate Christianity." *Ethnohistory* 39, no.4 (1995): 379–509.

Stone, Linda. *Kinship and Gender.* Boulder, Colo.: Westview Press, 2000.

Strasser, Stephen. *The Phenomenology of Feeling.* Pittsburgh, Pa.: Duquesne University Press, 1977.

Teres, Harvey. "Repression, Recovery, Renewal: The Politics of Expanding the Canon." *Modern Philology* 89 (1991): 63.

Thelan, David. "Memory and American History." *Journal of American History* 75 (March 1989): 1117–1129.

Troncoso, Francisco P. *Las guerras con las tribus yaqui y mayo.* Mexico City: Instituto Nacional Indigenista, 1977.

Trujillo, Octaviana V. "The Yaqui of Guadalupe, Arizona: A Century of Cultural Survival through Trilingualism." *American Indian and Research Journal* 22, no.4 (1998): 67–88.

Turner, Paul R. "Evaluating Religions: Religious and Behavioral Change in Missionary Conversations." *Missiology* (April 1991): 131–142.

Turner, Victor. *Forest of Symbols: Aspects of the Ndembu Ritual.* Ithaca, N.Y.: Cornell University, 1974.

Villa Rojas, Alfonso. "Notas sobre la etnografía de los indios tzeltales de Oxchuc, Chiapas, México." Microform. Chicago: University of Chicago Library, 1946.

Viqueira, Juan Pedro, and Mario Humberto Ruiz. *Chiapas: Los rumbos de otra historia*. Mexico City: Universidad Nacional Autónoma de México and Centro de Investigaciones y Estudios Superiores en Antropología Social (CIESAS), 1995.

Wagner-Pacifici, Robin, and Barry Schwartz. "The Vietnam Veterans Memorial: Commemorating a Difficult Past." *American Journal of Sociology* 97 (1991): 376–420.

Walsh, Michael J., trans. *Oscar Romero, Voice of the Voiceless: The Four Pastoral Letters and the Other Statements*. Maryknoll, N.Y.: Orbis Books, 1987.

Wasielewski, Henry. "Yaqui Lent and Easter Ceremonies 2000." 8 pp. Guadalupe, AZ: Our Lady of Guadalupe Church, 2000. Pamphlet.

Whiteman, Darrel. "Bible Translation and Social Cultural Development." In *Bible Translation and the Spread of the Church*, ed. Philip C. Stine, 120–144. Boston: Brill Academic Press, 1990.

Wild, Nette, dir. *A Place Called Chiapas*. New York: New York Film Studios, 2000.

Willard, William. "Self-government for Native Americans: The Case of the Pascua Yaqui Tribe." *Contributions in Political Science* 329 (1994): 1–13.

Wolf, Eric R. "The Virgin of Guadalupe: A Mexican National Symbol." *Journal of American Folklore* 71 (1958): 34–39.

Young, James E., ed. *The Art of Memory: Holocaust Memorials in History*. Munich: Prestel, 1994.

——. "A Holocaust Rorschach Test." *New York Times Magazine*, April 25, 1993, 36–39.

——. *The Texture of Memory: Holocaust Memorials and Meaning*. New Haven: Yale University Press, 1993.

Zatyrka, Alexander Paul. "The Formation of the Autochthonous Church and the Inculturation of the Christian Ministries in the Indian Cultures of America: A Case Study, the Bachajón Mission of the Diocese of San Cristóbal de las Casas, Mexico." Unpublished dissertation, Leopold Franzens Universität, Innsbruck, Austria, 2004.

Zelizer, Barbie. "Reading the Past against the Grain: The Shape of Memory Studies." *Critical Studies in Mass Communication* 12 (1995): 204–239.

Zerubavel, Eviatar. "Easter and Passover: On Calendars and Group Identity." *American Sociological Review* 47 (April 1982): 284–289.

Zerubavel, Yael. "The Death of Memory and the Memory of Death: Masada and the Holocaust as Historical Metaphors." *Representations* 45 (1994): 72–100.

——. "The Historic, the Legendary, and the Incredible: Invented Tradition and Collective Memory in Israel." In *Commemorations: The Politics of National Identity*, ed. John R. Gillis, 105–126. Princeton: Princeton University Press, 1994.

——. *Recovered Roots: Collective Memory and the Making of Israeli National Tradition.* Chicago: University of Chicago Press, 1995.

Zoontjens, Linda. "A Brief History of the Yaqui and Land." http: //www. Sustained Action.org.explorations/history-of-the-yaqui.htm

索　引

（索引中页码为原书页码，即本书边码）

图书在版编目（CIP）数据

文化记忆：抵抗、信仰与身份 /（美）珍妮特·罗
德里格斯，（美）特德·福蒂尔著；李娟译. -- 北京：
商务印书馆，2024（2025.5重印）.--（历史与理论译丛）.
ISBN 978-7-100-24444-2

Ⅰ. K103

中国国家版本馆 CIP 数据核字第 20240YN708 号

本书受云南大学"双一流"哲学社会科学优秀著作出版资助

历史与理论译丛

文化记忆

抵抗、信仰与身份

〔美〕珍妮特·罗德里格斯　特德·福蒂尔　著

李娟　译

商 务 印 书 馆 出 版
（北京王府井大街36号　邮政编码100710）
商 务 印 书 馆 发 行
北京市白帆印务有限公司印刷
ISBN 978 - 7 - 100 - 24444 - 2

2024 年 12 月第 1 版　　　　开本 710×1000　1/16
2025 年 5 月北京第 2 次印刷　　印张 13½

定价：66.00 元